Bernadette Straessle

Klassenrat

Bernadette Straessle

Klassenrat

Die Basisdemokratie im Schulzimmer

Hartung-Gorre Verlag Konstanz

Bibliografische Information Der Deutschen Bibliothek
Die Deutsche Nationalbibliothek verzeichnet diese Publikation in der Deutschen Nationalbibliografie; detaillierte bibliografische Daten sind im Internet über http://dnb.d-nb.de abrufbar.

Erste Auflage 2021
HARTUNG-GORRE VERLAG KONSTANZ
ISBN-10: 3-86628-710-0
ISBN-13: 978-3-86628-710-5

Inhaltsverzeichnis

Vorwort

Die erste Klassenratssitzung erlebte ich während eines Praktikums in einer zweiten Primarschulklasse. Beeindruckt hat mich, wie ernsthaft und verständlich diese siebenjährigen Lernenden ihre Anliegen einbringen und sich für deren Lösungen einsetzen konnten. Würden Erwachsene dies auch so gut machen?
Dieses positive Erlebnis hat dazu beigetragen, dass ich dieser regelmässigen Gesprächsrunde auch in meinem eigenen Unterricht einen festen Platz zugewiesen habe.
Im ersten Quintal des Schuljahres wird an unserer Schule jeweils eruiert, wie sich die Schülerinnen und Schüler in der jeweiligen Klasse fühlen. Bei dieser schriftlich durchgeführten und anonymisierten Umfrage schneidet unsere Klasse jeweils sehr gut ab. Zu diesem Faktum trägt meines Erachtens die Arbeit mit dem Klassenrat wesentlich bei.

Zuerst widme ich mich den Fragen, was der Klassenrat ist und was er bringt. Dann erläutere ich den Ablauf dieser Gesprächsrunde, bevor die anonymisierten Traktanden und gefundenen Lösungsansätze ihren Platz finden. Da die Schülerinnen und Schüler die Hauptakteure der Klassenratssitzungen sind, drängt es sich auf, auch ihre Sicht darüber zu erwähnen.
Im Nachwort soll schliesslich meine persönliche Sicht zur Basisdemokratie im Schulzimmer aufgeführt und begründet werden.
Der Einfachheit halber habe ich auf die durchgängige Erwähnung beider Geschlechtsformen verzichtet. Die Leserin, den Leser bitte ich daher, das andere Geschlecht jeweils dort mitzudenken, wo es nicht explizit erwähnt wird.

Seuzach, im Frühjahr 2021

Was ist der Klassenrat?

Definiert wird der Klassenrat für die Primarschule folgendermassen: «Der Klassenrat ist eine regelmässig stattfindende Gesprächsrunde, in der sich Schülerinnen und Schüler sowie die Klassenlehrperson gemeinsam mit konkreten Anliegen der Klassengemeinschaft (z. B. Ausflügen oder Projekten, Organisationsfragen wie Diensten und Regeln, Problemen und Konflikten) beschäftigen und dafür möglichst einvernehmliche Lösungen finden.»[1]

Der Begriff «Klassenrat» stammt aus der Freinet-Pädagogik[2]. Darin wird der Klassenrat als «demokratische Gesprächsrunde zu festgelegten Zeiten, in der sich Schülerinnen und Schüler sowie Lehrkräfte gemeinsam mit konkreten Situationen aus der Unterrichtsgestaltung und Unterrichtsplanung beschäftigen» beschrieben.[3]

Zugrunde liegt diesem Pädagogikkonzept der Gedanke, dass jeder Mensch das Recht auf Verschiedenheit hat. Daher sollte die Aufgabe der Schule sein, die spezifischen Bedürfnisse der Beteiligten zu berücksichtigen. Folgende Ziele gilt es, im Schulalltag anzustreben:

1. Freie Entfaltung der Persönlichkeit,
2. kritische Auseinandersetzung mit der Umwelt,
3. Selbstverantwortung des Kindes,
4. kooperative Arbeit und gegenseitige Verantwortlichkeit.[4]

Der Klassenrat bearbeitet nicht die grossen Fragen der Unterrichtsziele und Unterrichtsinhalte, sondern die kleinen Dinge, die alle angehen und

---

[1] Blum, Eva, Blum, Hans-Joachim, *Der Klassenrat. Ziele, Vorteile, Organisation*, Mülheim an der Ruhr 2012, S. 8.
[2] Die Freinet-Pädagogik wurde im Rahmen der Reformpädagogik um 1920 von Celestin und Elise Freinet in Frankreich entwickelt.
[3] Blum, S. 8.
[4] Ebd., S. 8.

die für das Wohlfühlen von Schülern und Lehrpersonen im Lebensraum Schule Bedeutung haben.[5]

Welche Rollen und Verantwortung werden im Klassenrat der Lehrkraft und welche den Schülerinnen zugesprochen?

Solange die Lehrperson den Klassenrat selbst leitet, übernimmt sie die Rolle des Moderators, der Verantwortung für den Prozess, jedoch nicht für das Ergebnis trägt. Sie leitet die Schülerinnen und Schüler an, wie man zu einem einvernehmlichen Ergebnis kommt. In der Rolle des Lehrers setzt sie den Rahmen, innerhalb dessen Entscheidungen fallen können, und macht ihn transparent. In dieser Rolle ist sie auch für die Regeleinhaltung im Klassenrat zuständig. Als Mitglied des Klassenrats kann sie selbst Anliegen einbringen und Lösungsvorschläge machen. Je geübter die Schüler im Klassenrat werden, umso mehr kann die Lehrperson die Verantwortung für Leitung und Moderation den Schülern übergeben. Dann setzt sie sich auf den Mitglied-Stuhl und ist in dieser Rolle genauso an die Regeln des Klassenrats gebunden wie die Schüler. Sie meldet sich und wartet, bis ihr der Ball zugeworfen wird. Dann bringt sie Lösungsvorschläge zum Anliegen ein.[6]

Die mehrjährige Erfahrung aus den regelmässig durchgeführten Sitzungen hat mir gezeigt, dass die Schüler den Klassenrat auch selbständig durchführen können. Die Lehrperson nimmt als stiller Zuhörer daran teil und interveniert nur, wenn sie dies als angebracht erachtet, wenn beispielsweise die Regeln nicht eingehalten werden. Dabei ist es wichtig, ihre Intervention zu begründen.

---

[5] Ebd., S. 8.
[6] Ebd., S. 9.

Die Schüler sollten sich, wie die Lehrkraft, als ganze Person einbringen und Verantwortung für die Beschlüsse und Lösungen übernehmen. Ihre grossen und kleinen Anliegen, ihre Ideen und Lösungen bringen sie in der Regel gerne ein, da es in diesem Gremium um das geht, was sie selbst betrifft. Wenn sie erfahren, dass das Angebot der Mitentscheidung und Mitverantwortung ernst gemeint ist, entsteht eine grosse Ernsthaftigkeit bei der Problemlösung, die viele positive Auswirkungen auf das gesamte Miteinander hat.[7]

Natürlich bringen sich nicht alle Schüler gleich stark im Klassenrat ein. Da gibt es diejenigen, die bei jeder Sitzung mehrmals den «Ball» wünschen, als auch solche, die einfach still dasitzen und das Geschehen mitverfolgen. Verblüffend ist doch jedes Mal, wenn es sich um die Klassenratslektion handelt, wie die Schüler – wenn es läutet – ins Klassenzimmer stürzen, den Stuhl packen und ihn in den Kreis stellen und darauf Platz nehmen. Was jeweils mehr Zeit benötigt, ist, der Regel «Mädchen sitzt neben Knaben» nachzukommen.
Für die Rolle des Moderators kommt es vor, dass Schülerinnen schon vorgängig ihr Interesse bekunden und sich anmelden. Andererseits gibt es Schüler, die von mir für diese Aufgabe eingeladen werden müssen, da sie sich nicht freiwillig zur Verfügung stellen. Immer mal wieder kommt es vor, dass diese Kinder dann ihre Rolle – zum Erstaunen aller – sehr gut ausführen.

[7] Ebd., S. 10.

Was bringt der Klassenrat?

Der Klassenrat ermöglicht guten Unterricht durch ein positives Klassen- und Lernklima. Er trägt zur Stärkung der Klassengemeinschaft bei und steigert die Lernmotivation. Der Klassenrat wirkt präventiv der Gewaltanwendung und dem Auftreten von Mobbing entgegen. Auch entlastet er die Lehrperson, wenn die Anliegen und Probleme auf die Klassenratsstunde vertagt werden können und somit die Verantwortung geteilt wird.[8]

Bei einem sogenannten Notfall, wie beispielsweise einem Streit zwischen zwei oder drei Schülern, ziehe ich es jeweils vor, sofort mit den Betroffenen das Problem oder Anliegen vor dem Klassenzimmer zu besprechen. Falls es im «kleinen Kreis» nicht gelöst werden könnte, haben die Beteiligten die Möglichkeit, ihr Anliegen in den Klassenrat zu bringen. Dann schreiben sie ihr Anliegen mit Datum und Unterschrift auf einen Zettel und werfen diesen in den Klassenratsbriefkasten.

Was ist guter Unterricht und inwiefern trägt der Klassenrat dazu bei?

Guter Unterricht zeichnet sich gemäss den *Zehn Merkmalen* von Hilbert Meyer (2016) unter anderem folgendermassen aus:

Klare Strukturierung des Unterrichts

Hierfür bedarf es unter anderem der Absprache von Regeln, Ritualen und Freiräumen. Die Lehrperson oder Moderatorin hat beim Klassenrat

[8] Ebd., S. 12.

dafür zu sorgen, dass die vereinbarten Regeln eingehalten werden. Der Klassenrat bietet Raum, Zeit und klare Regeln.

Hoher Anteil echter Lernzeit

Mit dem Klassenrat können Organisationsfragen, Disziplinkonflikte und Problemrunden ausgelagert werden. Diese finden ihren Platz an einem festen Ort zu einer festen Zeit der Unterrichtswoche.

Lernförderliches Klima

Ein solches entsteht durch gegenseitigen Respekt, eingehaltene Regeln und Verantwortungsübernahme. Verstösse werden im Klassenrat thematisiert, Beleidigungen besprochen und gemeinsam nach Lösungen gesucht. Jedes Ratsmitglied hat bei der Einhaltung des Besprochenen für sich und die Klasse Verantwortung zu übernehmen. Die Schülerinnen und Schüler lernen, sich gegenseitig zu respektieren und Rücksicht zu nehmen. Auch wird ihre Empathiefähigkeit gefördert. Durch das Besprechen der Dinge, die alle angehen, durch die gegenseitige Wertschätzung und positive Anerkennung der verschiedenen Beiträge wird eine stabile Beziehung der Klassengemeinschaft aufgebaut. Diese wirkt sich auch im Unterricht und im Umgang miteinander aus.

Sinnstiftendes Kommunizieren

Regelmässige Diskurse der Schüler über Probleme der Klassengemeinschaft haben positive Effekte auf das Unterrichtsklima und die Unterrichtsqualität.

Gemäss neuerer Hirnforschung gelingt Lernen nur, wenn beim Lernenden auch die Motivation zu lernen vorhanden ist. Motivation beruht auf folgenden drei Elementen: Dem Erleben von Kompetenz (Ich kann etwas), von Zugehörigkeit (Ich bin hier wichtig) sowie von Selbstwirksamkeit (Ich kann und darf etwas bewegen). Diese drei Elemente können im Klassenrat unmittelbar erfahren werden. Da in diesem Gremium jede Stimme wichtig und jede gehört wird, erfahren sich auch stillere und leistungsschwächere Schüler als der Klasse zugehörig, was auch die Motivation für Unterrichtsinhalte steigern kann. Selbstwirksamkeit wird nicht nur als wichtiger Faktor für Lernmotivation erachtet, sondern auch für Sucht- und Gewaltprävention sowie die Ausbildung von Resilienz (Fähigkeit, mit widrigen Lebensumständen zurechtzukommen). Der Klassenrat bietet Raum für eigene Ideen, neue Vorschläge und individuelle Veränderungsprozesse, bei denen die Lernenden erleben, dass sie die Umwelt gestalten und das eigene Verhalten steuern können, was wesentlich zur Erhöhung und Erhaltung von Lernmotivation beiträgt.[9]

Welche Kompetenzen können im Klassenrat erworben werden?

Der Klassenrat bietet vielfache Lernanlässe, um die Kompetenzen der Lernenden auszubilden und zu vertiefen. Seit PISA (Programm zur internationalen Schülerbewertung) wurden viele Lehrpläne um den Kompetenzbegriff erweitert. Dabei geht es nicht mehr nur um die fachlichen, sondern auch um die überfachlichen Kompetenzen, die personalen, sozialen und methodischen Kompetenzen.

Personale Kompetenzen

Im Klassenrat erfahren sich die Lernenden als eingebunden in einen sozialen Verband, in die Klasse. Jeder Einzelne erfährt sich als Person, die mit anderen agiert. Er nimmt sich selbst als eigenständig und verschieden von den anderen wahr. Gleichzeitig wird jeder Schüler mit

[9] Ebd., S. 13 f.

der Wahrnehmung seiner Person durch die anderen konfrontiert. Dies ermöglicht Korrekturprozesse zwischen dem Eigenbild und dem Fremdbild, welche die Identitätsentwicklung fördern.
Durch das Besprechen der Anliegen und Probleme erfahren die Lernenden, dass unser Handeln durch positive oder negative Gefühle gesteuert wird, was zur Weiterentwicklung der Emotionalität beiträgt. Im Klassenrat darf über Gefühle gesprochen werden, wie sie heissen, wie sie sich anfühlen und wie mit ihnen konstruktiv umgegangen werden kann. Gefühle sind normal und in Ordnung, nur sollte durch sie niemand zu Schaden kommen. Zusammenleben und Zusammenarbeiten gelingen in einer Gesellschaft nur, wenn hilfreiche Strategien im Umgang mit Gefühlen beherrscht werden.[10]

Ferner wird die Eigenverantwortlichkeit entwickelt. Nicht nur muss jeder für sein eigenes Tun Verantwortung übernehmen, sondern auch für den Umgang in der Klassengemeinschaft insgesamt. Nicht die Lehrperson entscheidet, wie ein Konflikt gelöst wird, sondern die Schüler.
Der Klassenrat fördert auch das Selbstvertrauen der Lernenden. Jede Schülerin und jeder Schüler wird in diesem Gremium als Person in seiner Verschiedenheit angenommen. Durch die Beteiligung an Entscheidungsprozessen und das erfolgreiche Umsetzen erfährt er sich als selbstwirksam. Diese Erfahrung der Selbstwirksamkeit befördert nicht nur das Selbstvertrauen, sondern ist auch ein wichtiger Baustein in der Sucht- und Gewaltprävention sowie der Ausbildung von Resilienz und Lernmotivation.[11]

---

[10] Ebd., S. 13 f.
[11] Ebd., S. 16.

Soziale Kompetenzen

Der Klassenrat fördert die Kommunikationsfähigkeit. Die Schülerinnen beteiligen sich am allgemeinen Gespräch, indem sie ihre Gedanken verständlich formulieren und ihre Meinung begründen. Sie lernen auch, den anderen zuzuhören, nachzufragen und die Gesprächsregeln einzuhalten.

Eine weitere Kompetenz ist Empathie, die Fähigkeit, sich in andere einzufühlen, also einen Perspektivenwechsel vorzunehmen. Wie würde ich mich an ihrer Stelle fühlen? Die Empathiefähigkeit ist eine notwendige Bedingung für ein gutes Zusammenleben, nicht nur in der Schule, sondern auch in der Gesellschaft.

Kommunikations- und Empathiefähigkeit braucht es, um Konfliktfähigkeit zu erlangen, die Fähigkeit, Konflikte angemessen anzusprechen und sie kooperativ zu lösen.

Des Weiteren fördert der Klassenrat die Teamfähigkeit. Ein teamfähiger Mensch kann mit anderen in einen konstruktiven Austausch treten, er kann sprechen und zuhören. Seine eigenen Anliegen und Ideen kann er angemessen vertreten. Er fügt sich in eine Gruppe ein, spricht Konflikte angemessen an. Die übertragenen Aufgaben übernimmt er verantwortungsvoll.

Im Klassenrat sind die Schülerinnen und Schüler selbst für die Lösung und deren Umsetzung verantwortlich. Diese Tatsache fördert ihre Verantwortungsbereitschaft. Da ihre Meinung nicht immer von allen Beteiligten geteilt wird, braucht es Toleranz und Akzeptanz der anders meinenden Person gegenüber.[12]

---

[12] Ebd., S. 16-18.

Methodische Kompetenzen

Der Klassenrat vermittelt nicht nur für die Schule, sondern auch für das (Arbeits-) Leben wichtige Methoden in den Bereichen Konfliktlösung, Protokollieren und Gesprächsleitung. Die Schülerinnen erlernen eine strukturierte Methode, wie man Konflikte zur Zufriedenheit aller lösen kann, sofern die Bereitschaft zur Zusammenarbeit besteht.

Das regelmässige Protokollieren der Traktanden und den dazugehörenden Lösungsansätzen bringt den Schülern Wissen, was zu einem Protokoll gehört. Die Beherrschung dieser lebenspraktischen Methode können sie dann auch im Beruf zur Anwendung bringen.

Für den Klassenrat braucht es eine Leitung, die die Verantwortung für die Rahmenbedingungen der Sitzung übernimmt. Hier kommt das Vormachen – Nachmachen – Prinzip zum Einsatz. Zu Beginn übernimmt die Lehrperson die Gesprächsleitung, später übergibt sie sie einem Schüler.

Da im Klassenrat nicht nur Konflikte zur Sprache kommen, sondern auch Fragen der Zusammenarbeit und der Planung gemeinsamer Aktivitäten, lernen die Schülerinnen, wie sie an planerische Aufgaben herangehen oder wie sie gemeinsam eine gute Zusammenarbeit organisieren können.[13]

Nicht zuletzt können die Schülerinnen in diesem Gremium die Demokratie einüben, was ein weiteres wesentliches Argument für den Klassenrat darstellt.[14]

---

[13] Ebd., S. 18-19.

[14] Ebd., S. 20.

Ablauf der Klassenratssitzung

Die Sitzung wird immer in der gleichen Schulstunde durchgeführt. So wissen die Schülerinnen und Schüler, dass sie nach der Pause sofort mit ihren Stühlen einen Kreis bilden müssen. In unserer Klasse sitzt immer ein Mädchen neben einem Knaben. Wenn sich vorgängig niemand für die Aufgabe des Moderators und der Schreibenden gemeldet hat, fragt die Lehrperson, wer diese Aufgaben an dieser Sitzung übernehmen möchte. Dann übergibt sie der Moderatorin das Klassenratheft und die Traktanden, welche sie vorgängig angeschaut hat, sowie einen kleinen Ball.

Erster Teil:

Die Sitzung wird eröffnet, indem der moderierende Schüler die Anwesenden begrüsst und fragt, wer die Gesprächsregeln vorlesen möchte. Diese hängen sichtbar an der Wand und lauten folgendermassen:

1. Ich rede nur, wenn ich den Ball habe.

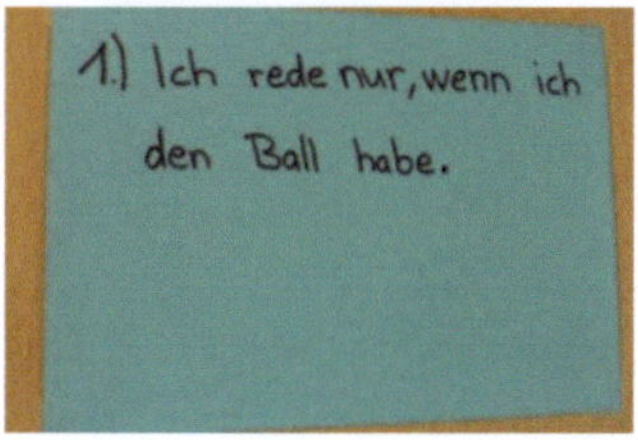

2. Ich höre zu, wenn ein anderer spricht.

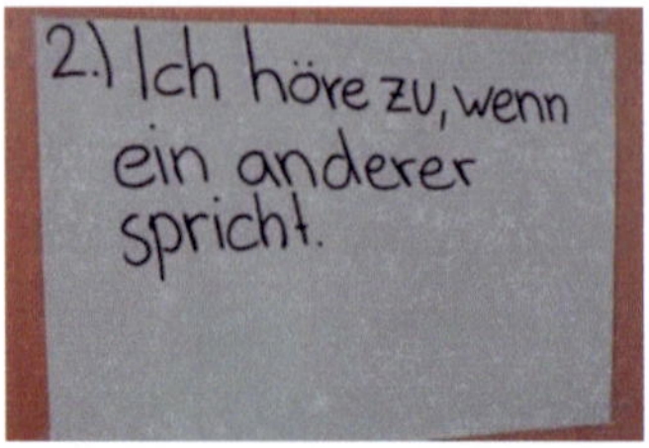

3. Ich melde mich, wenn ich etwas sagen möchte.

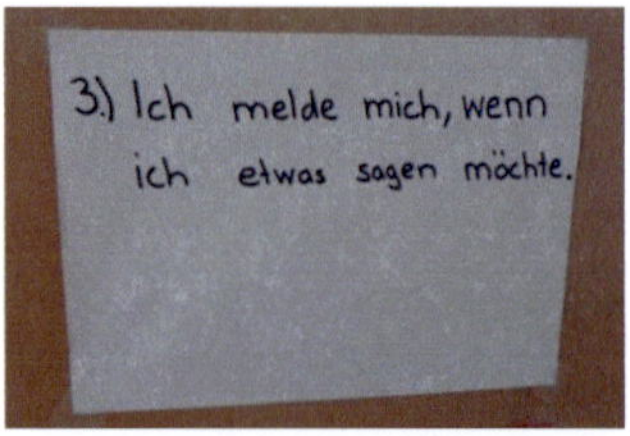

4. Ich rede von mir, nicht über andere (keine Beleidigungen).

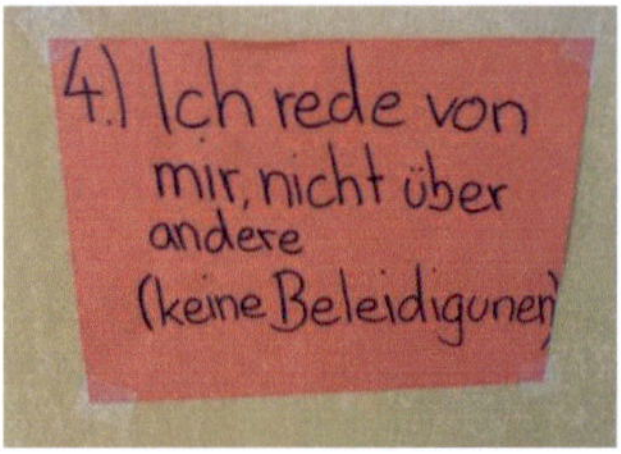

5. Wir reden freundlich miteinander. [Diese Regel ist erst später dazugekommen.]

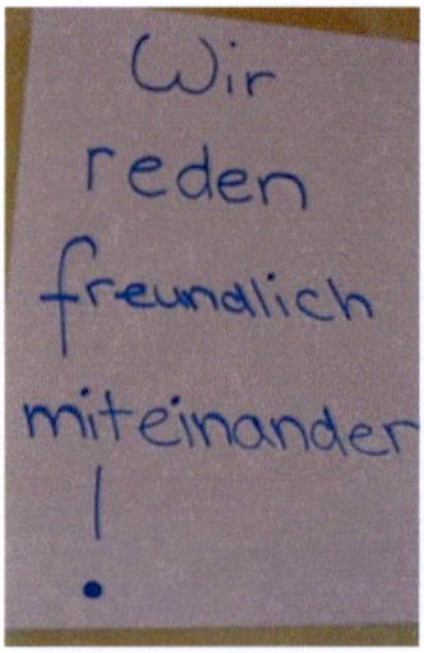

Danach werden die Anwesenden aufgefordert, zu berichten, was sie in der vergangenen Schulwoche gut fanden. Einigen hat zum Beispiel die ganze Woche gefallen, anderen die Handarbeitslektionen und dritten die Sportlektionen.

Zweiter Teil:
Die Ergebnisse von der letzten Sitzung kommen nochmals zur Sprache. Die Schreibende liest die Traktanden und Lösungsansätze vor. Dann fragt der Moderierende die Betroffenen, ob der Lösungsansatz Früchte getragen hat. Derjenige, der den Zettel geschrieben hat, bekommt zuerst den Ball und somit das Wort. Dann dürfen die anderen Involvierten sich noch zu Wort melden und schliesslich die restlichen Ratsmitglieder. Wenn die Angelegenheit noch aktuell ist, muss sie nochmals im Gremium diskutiert werden, ansonsten gilt sie als erledigt.

Dritter Teil:
Die Versammelten wenden sich nun den neuen Anliegen und Problemen in chronologischer Reihenfolge zu. Die Moderatorin fragt, ob der Verfasser des Traktandums dieses noch besprechen möchte, oder ob es sich mittlerweile erledigt hat. Es kommt immer wieder vor, dass Zettel zurückgenommen werden, weil das Anliegen nicht mehr relevant ist. Dann gilt es, die Zustimmung zur Besprechung aller am Fall Beteiligten einzuholen. Das Moment der Freiwilligkeit ist wichtig. Ist ein Kind zur Fallbesprechung im Klassenrat nicht bereit, wird das Anliegen im Setting mit den Beteiligten und der Lehrperson behandelt.
Die schreibende Schülerin notiert das Problem oder Anliegen im Klassenratheft.

Vierter Teil:

Die am Konflikt beteiligten Partner stellen das Problem aus ihrer Sicht dar. Der Verfasser des Traktandums übernimmt zuerst das Wort, bevor der Ball dem «Angeschuldigten» weitergereicht wird. Dabei gilt es, den Sprechenden ausreden zu lassen, zuzuhören und nicht zu beleidigen.
Folgende Fragen helfen, Unklarheiten zu klären:
Worin besteht das Problem oder Anliegen?
Wie sieht das Problem von verschiedenen Seiten aus?
Wie geht es den einzelnen Beteiligten?
Was wollen oder wollten die Beteiligten erreichen?
In dieser Phase ist es wichtig, dass noch keine Lösungen gesucht, keine Wertungen vorgenommen werden und das Problem nicht ausgeweitet wird.

Fünfter Teil:

Das Ziel dieses Teils ist das Finden einer Lösung. Lösungsvorschläge aus dem Gremium werden gesammelt und notiert. Bis alle Ideen genannt sind, müssen sich die Anwesenden einer Kritik oder Bewertung enthalten. Bei Konflikten müssen die Betroffenen gefragt werden, zu welchem Vorschlag sie Ja sagen. Bei anderen Anliegen, die die ganze Klasse betreffen, wird die Lösung ausgewählt, die für die Mehrheit akzeptabel ist. Die Vereinbarungen werden bis zur nächsten Klassenratssitzung ausprobiert.

Sechster Teil:

Die Beschlüsse werden im Klassenratheft festgehalten. Der Moderator schliesst die Sitzung, indem er den Anwesenden dankt. Der Sitzkreis wird aufgelöst.[15]

---

[15] Ebd., S. 148.

Traktanden und Lösungsansätze

Welche Anliegen wurden während drei Schuljahren in unserem Klassenzimmer im Rahmen des Klassenrates traktandiert?

Die Anliegen oder Probleme werden chronologisch aufgelistet mit dem Ziel, zu verfolgen, welchen Weg sie genommen haben. Haben sie sich nach einer Sitzung gelöst oder mussten sie in einer weiteren Sitzung nochmals besprochen werden?
Die Ausdrucksweise der Schülerinnen und Schüler möchte ich wenn immer möglich beibehalten.
Der Einfachheit halber werden das Problem, der Wunsch und die Lösung mit der Kurzform «P», «W» respektive «L» angegeben. Gibt es pro Sitzung mehrere Traktanden (Probleme, Wünsche), sind diese mit Nummern versehen. Der Anonymität halber führe ich die am Fall Beteiligten mit dem ersten Buchstaben ihres Namens auf. Wenn zwei oder mehr Schülerinnen und Schüler den gleichen Buchstaben haben, wird diesem noch eine Zahl beigefügt.
Meine Anmerkungen sind in eckigen Klammern in den Text einfügt.

1.9.

P1: Einige reden in der Klasse ziemlich laut.
L: Die anderen sagen, dass sie leise sein sollen. Dann gibt es eine Verwarnung und dann noch eine, bis sie draussen sind.
[Drei Verwarnungen bedeuten eine «Rote Karte», was bedeutet, dass der Schüler, die Schülerin schriftlich begründen muss, warum er oder sie diese Karte erhalten hat. Die Begründung muss von den Eltern respektive Erziehungsberechtigen unterschrieben werden.]

P2: Meine Sachen verschwinden viel zu oft. Was kann ich dagegen tun?

L: T soll nicht mehr so oft seine Sachen liegen lassen.

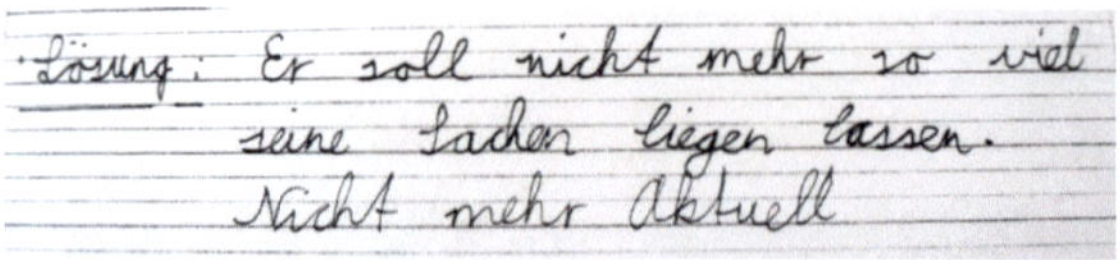

Lösung: Er soll nicht mehr so viel
seine Sachen liegen lassen.
Nicht mehr Aktuell

P3: Es wird in fremde, persönliche Sachen geschaut. Auch in Frau Ss Unterlagen.

L: Man könnte die Sachen anschreiben. Man sollte fragen, ob man von jemandem seine Unterlagen ausleihen darf und nicht einfach klauen. Fragen, ob jemand das verlorene «Ding» hat. Wenn man etwas findet, es dem Lehrer oder der Lehrerin geben oder in das «Fundbüro» tun. [Mit dem «Fundbüro» ist ein Papierbehälter gemeint, der sich im Klassenzimmer befindet.]

W: Es wäre toll, wenn wir in die Badi gehen könnten.

L: Mit der Lehrperson reden.

P4: N stört uns immer wieder und redet perverses Zeug und «verkribelt» uns die Blätter und macht dumme Scherze.

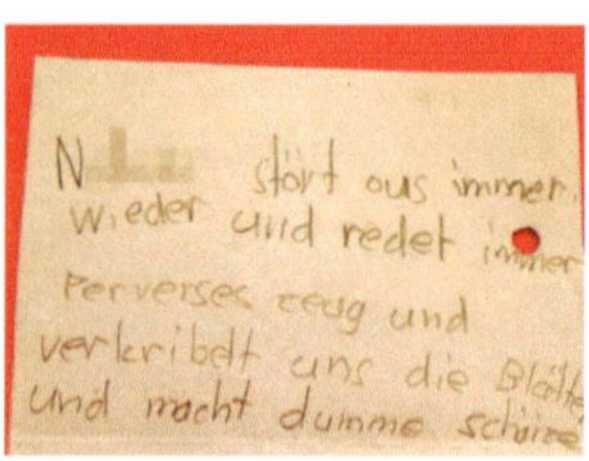

N[redacted] stört ons immer
wieder und redet immer
perverses zeug und
verkribelt uns die Blätte
und macht dumme schärze

L: Wenn man gestört wird, darf man sich an die Ablage setzen. Ablauf für den Störenden: Verwarnung, wegsitzen, vor die Tür gehen.

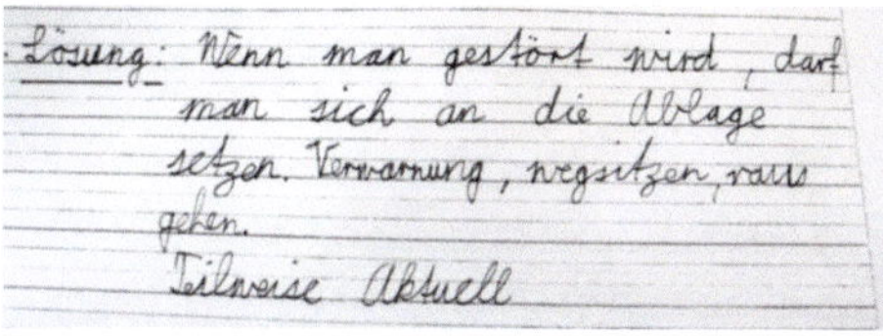
Lösung: Wenn man gestört wird, darf man sich an die Ablage setzen. Verwarnung, wegsitzen, raus gehen.
Teilweise Aktuell

[Ablage meint einen Platz an der Fensterfront.]

8.9.

P1: Wenn die Lehrperson uns korrigierte Blätter zurückgibt, sollte sie sagen, was man mit ihnen machen soll, ob man sie einordnen muss oder sie bei sich behalten kann. Herr J. läuft mitten im Gespräch weg.

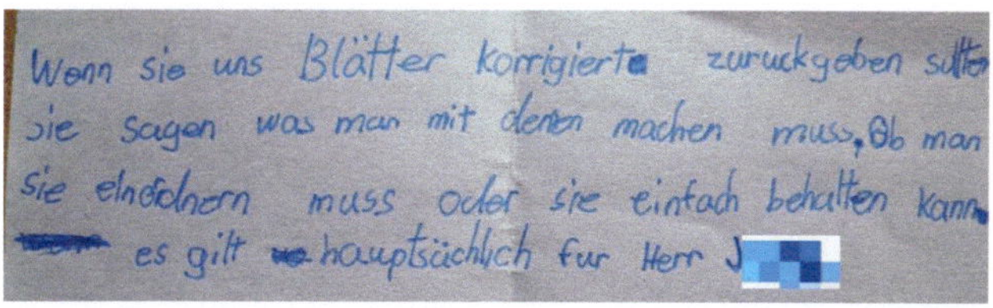
Wenn sie uns Blätter korrigierte zuruckgeben sollte sie sagen was man mit denen machen muss, Ob man sie einordnern muss oder sie einfach behalten kann. es gilt hauptsächlich fur Herr J[redacted]

L: Man sagt es der jeweiligen Lehrperson. Sie soll uns nicht vollständig ignorieren.

P2: Es wäre cool, wenn wir beim Singen nicht immer aufstehen müssten.
L: Wer stehen will, steht, wer sitzen will, sitzt.

P3: T hustet immer, ohne die Hand vor den Mund zu halten und er hustet in unsere Richtung.
L: Taschentücher auf dem Tisch oder einfach griffbereit haben.

P4: Alle Fünft- und Sechstklässler sind nicht nett mit mir. Zum Beispiel hatte ich in der Turnhalle Bälle herumgeworfen. Dann wollte ich helfen und dann hatten sie mich beleidigt.
L: Er ist selber schuld. Er sollte anderen nicht in den Bauch schiessen. Es dem Lehrer sagen. Im Sport zuschauen.

15.9.

Altes P1: Herr J ignoriert Schüler.

L: Frau S sagt es Herr J.

Altes P2: T hat keinen Anstand und hustet immer noch frei in unsere Richtung und spukt manchmal.

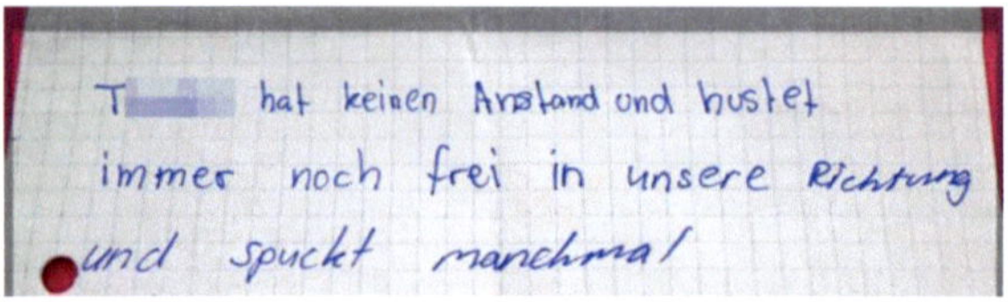
T hat keinen Anstand und hustet
immer noch frei in unsere Richtung
und spuckt manchmal

L: Keine.

P1: Am Freitagnachmittag war ich bei Ns Platz. Dann sagte er, ich sei fett. Dann sagte ich, es kommt nicht aufs Äusserliche an, sondern aufs Innere. Dann schoss er mir einen Stift ins Auge und ich blutete. Er entschuldigte sich nicht.

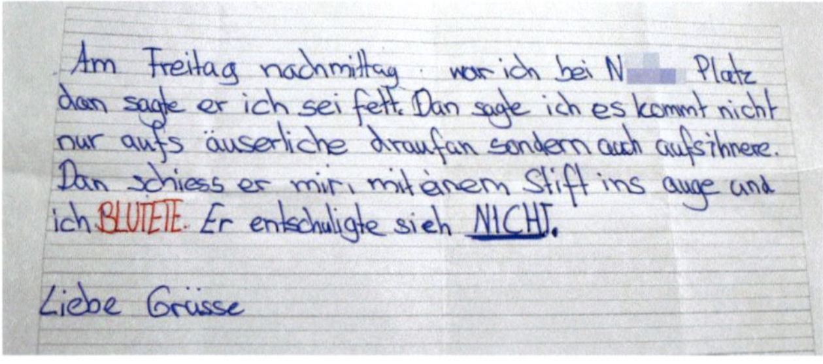
Am Freitag nachmittag war ich bei N Platz
dan sagte er ich sei fett. Dan sagte ich es kommt nicht
nur aufs äuserliche drauf an sondern auch aufs ihnere.
Dan schiess er mir, mit einem Stift ins auge und
ich BLUTETE. Er entschuligte sich NICHT.

Liebe Grüsse

L: Schriftliche Entschuldigung mit Unterschrift der Eltern bei so Zeug.

P2: S hat mich öfters schon angespuckt. Was kann ich dagegen tun?

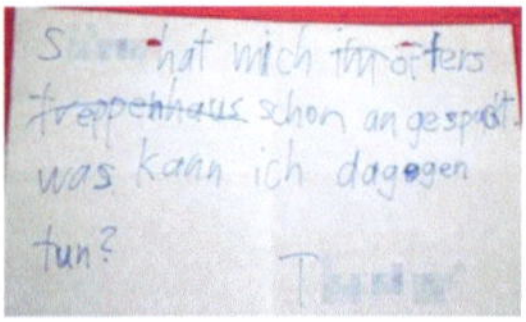
S hat mich im öfters
treppenhaus schon angespuckt
was kann ich dagegen
tun?
T

L: S sollte T nicht stören. Verwarnung falls doch.

P3: N sagt mir immer Lutensohn, Arschloch oder fuck you.
L: Falsche Wörter = Verwarnung.

P4: Mein Füller ist wieder verschwunden und ich finde ihn nicht mehr! Was soll ich tun?

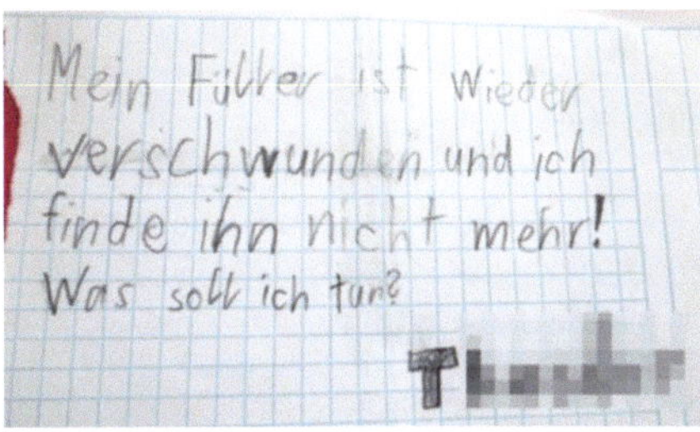

L: Weitersuchen.

22.9.
Altes Problem: Ts Füller ist weg.
Lösung: Weitersuchen.

P1: A kam nach draussen und sagte mir, wehe ihr sagt ein Wort, dann sage ich es. Dann sagte ich, wehe du sagst etwas, dann sage ich es auch. Dann sagte A, wir sind 5. Klässler und haben mehr Recht, etwas zu sagen.
L: Die Knaben der 4. Klasse sollten nicht zusammen rausgehen. [Rausgehen meint, am Gruppentisch im Gang vor dem Schulzimmer zu arbeiten.]

P2: A macht immer komische Geräusche und wir können uns nicht konzentrieren.

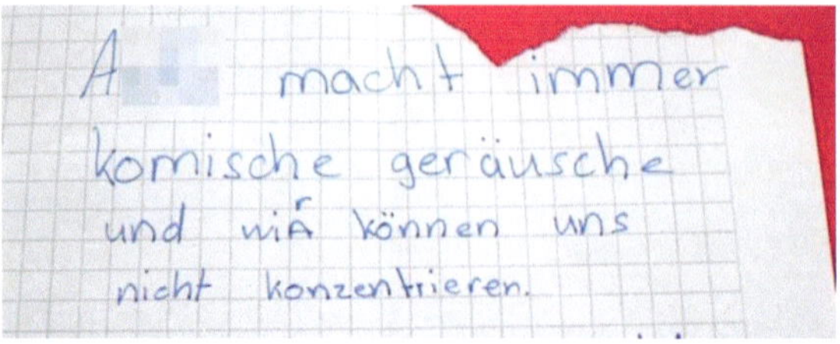

L: Man sagt es der Lehrperson und dann gibt es Verwarnungen.

P3: N lässt einfach seinen Abfall auf dem Pausenplatz.

L: Wenn man erwischt wird, gibt es eine Verwarnung.

P4: L sollte nicht meinen persönlichen Becher mit Wasser und Seife füllen und ihn mir dann hinstellen. Was soll ich tun?

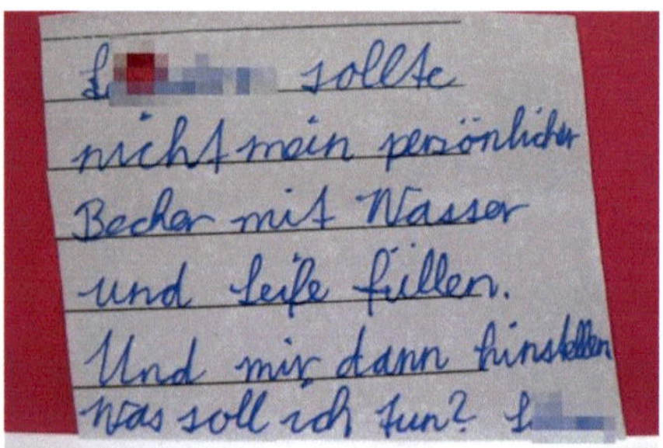

L: Jemand von der Klasse ist der sogenannte «Aufseher», der schaut, ob jemand Blödsinn macht.

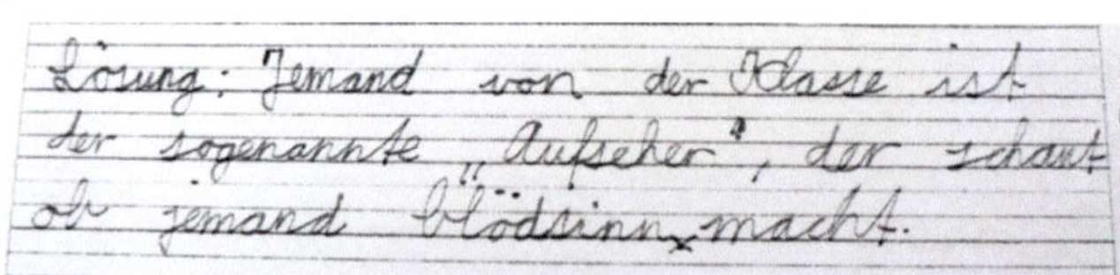

P5: Mein roter Korrigierstift, Massstab und Fülli sind verschwunden. Was kann ich tun?

L: Man tut die gefundenen Sachen in die Fundgrube.

29.9.

P1: N rülpst eklig herum und er nervt sehr.

L: Wenn eklige Sachen, dann gibt es eine Verwarnung.

P2: G hat mir den Ball extra auf die Rippe geschossen.

L: Wenn man jemanden abschiesst, ohne sich zu entschuldigen, gibt es eine Verwarnung.

P3: Y redet immer drein.

L: Beim Dreinreden gibt es Verwarnungen.

P4: Unsere Klasse ist auf beiden Plänen nicht drauf (Fussballtore, Vogelschaukel).

L: Problem kommt in den Schülerrat.

6.10.

P1: N hat «halt die Fresse» gesagt, zu A, H und A.

L: Wenn jemand Fluchwörter sagt, bekommt er oder sie eine Verwarnung.

P2: Die Knaben der vierten Klasse nerven den Unterricht.

L: Wenn sie den Unterricht nerven, gibt es eine Verwarnung.

P3: L wirft immer Knete herum, auch in die Haare.

L: Knete nicht mehr in die Schule bringen.

P4: N1 hat gesagt, N2 habe H, A1und A2 «abgesext».

L: Wenn jemand so etwas sagt, gibt es eine «Rote Karte» und man muss eine Entschuldigung schreiben und diese von den Eltern unterschreiben lassen.

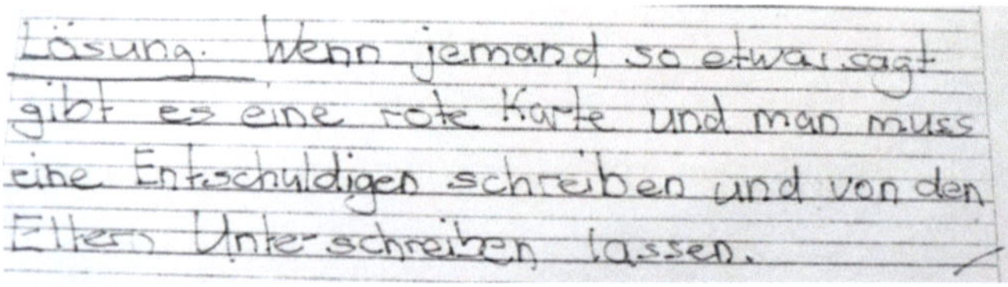
Lösung: Wenn jemand so etwas sagt gibt es eine rote Karte und man muss eine Entschuldigen schreiben und von den Eltern Unterschreiben lassen.

27.10.

P1: N schiesst mir Gummiwürfel und Tintenpatronen an.

L: Wenn man ein Objekt herumschiesst, muss man zur Lehrperson gehen und es sagen.

P2: S hat mir absichtlich Haare ausgerissen.

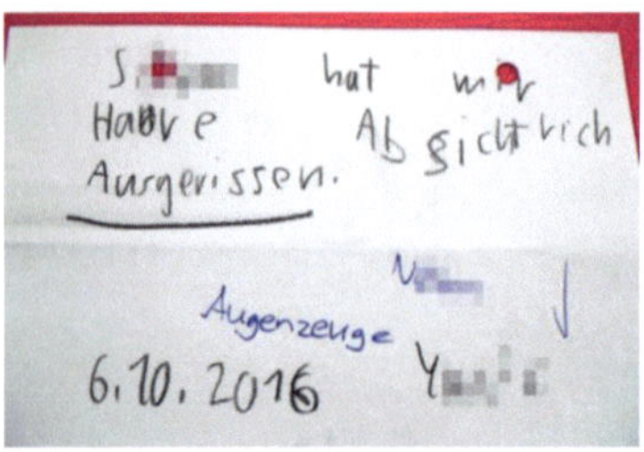
S[redacted] hat mir Haare Ab sichtlich Ausgerissen.

Augenzeuge N[redacted]

6.10.2016 Y[redacted]

L: Wenn jemand jemandem weh tut, muss man es der Lehrperson sagen.

P3: L und S beleidigen mich immer mit schlechten Worten, z. B. Fettsack, Elefant und so weiter. A beleidigen sie mit Ameise und Zwerg und H mit Giraffe und Riese. Das nervt uns sehr und ist beleidigend.

L: Wenn man ein schlimmes Wort sagt, bekommt man eine Verwarnung.

3.11.

P1: N hat mir einfach meinen Stift genommen ohne zu fragen.

L: Wenn jemand etwas wegnimmt, dann muss man zu der Lehrperson gehen.

P2: N korrigiert gar nicht bei den Hausaufgaben. Er macht einfach einen Haken. Das ist nicht richtig so. Auch macht er in der Stunde nicht die Aufgaben, er schaut einfach die Lösung ab.
L: Wenn man abschreibt, korrigieren es die Lehrpersonen.

P3: Herr J schreit uns an, wenn wir etwas fragen wollen.
L: Frau S spricht mit Herr J.

Wunsch: Wir würden gerne mit ihnen Schlittschuhlaufen gehen.

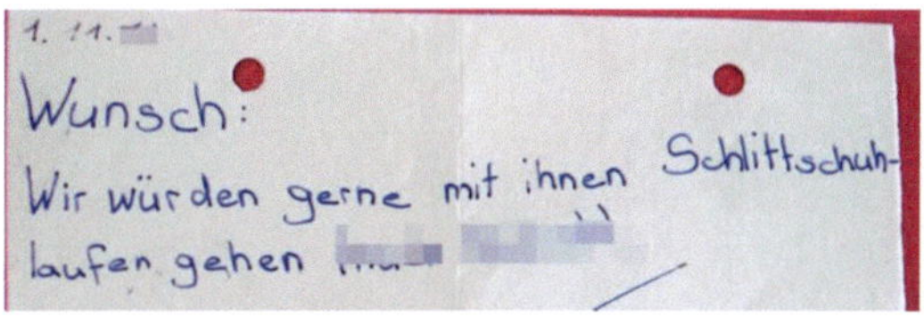
1. 11.
Wunsch:
Wir würden gerne mit ihnen Schlittschuh-
laufen gehen

L: A1, A2 und H fragen Frau S.

P4: Mich stört, dass bei Gruppenarbeiten nicht gleich konzentriert und produktiv gearbeitet wird wie bei Einzel- oder Partnerarbeit. Auch nehmen sich einige Schülerinnen und Schüler Freiheiten heraus, die inakzeptabel sind.

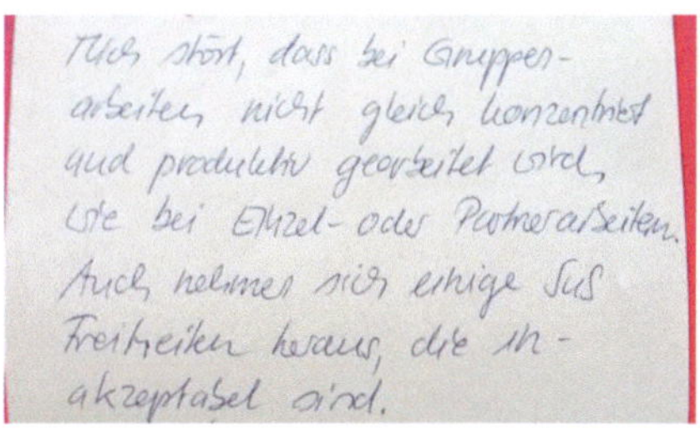
Mich stört, dass bei Gruppen-
arbeiten nicht gleich konzentriert
und produktiv gearbeitet wird,
wie bei Einzel- oder Partnerarbeiten.
Auch nehmen sich einige SuS
Freiheiten heraus, die in-
akzeptabel sind.

L: Wenn jemand während der Gruppenarbeit stört, muss man es der Lehrperson sagen.

P5: Es hat Kinder, die meinen Znüni klauen.

L: Wenn es nochmals vorkommt, muss man es der Lehrperson sagen.

P6: Wenn wir 5. Klässler zusammen arbeiten müssen, macht A nie mit. Er sagt uns immer Fluchwörter, z. B. Missgeburt. Und er hat uns heute gesagt, dass er keinen Bock hat zu arbeiten.

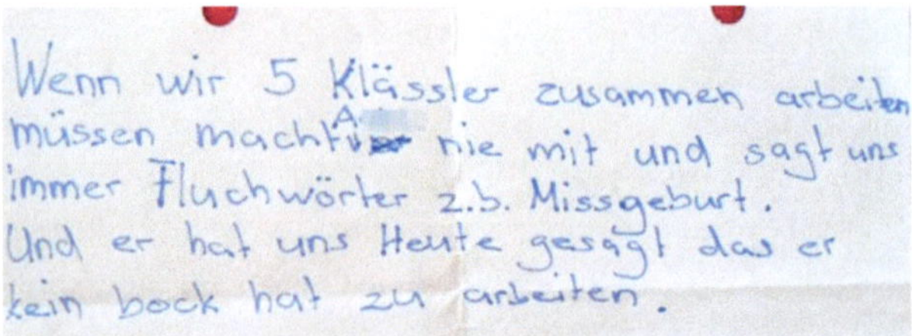

Wenn wir 5 Klässler zusammen arbeiten müssen macht A nie mit und sagt uns immer Fluchwörter z.b. Missgeburt. Und er hat uns Heute gesagt das er kein bock hat zu arbeiten.

L: Wenn jemand keinen Bock auf die Schule oder die Gruppenarbeit hat, dann muss er oder sie ins Klassenzimmer gehen.

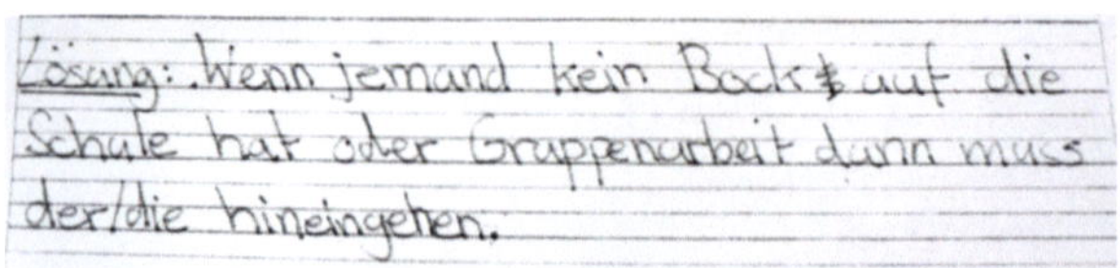

Lösung: Wenn jemand kein Bock auf die Schule hat oder Gruppenarbeit dann muss der/die hineingehen.

[Da in unserer Mehrklasse drei Jahrgänge sind, kommt es öfters vor, dass die Schülerinnen und Schüler eines Jahrgangs am Gruppentisch im Korridor vor dem Klassenzimmer arbeiten.]

P7: A machte Blödsinn in der Pause. Er schiesst immer unseren Ball weg. Er hat uns abgehauen, den Mittelfinger gezeigt. Das hat er die ganze Zeit gemacht.

L: Wer zuerst dort spielt, kann dort bleiben.

17.11.

P1: Es wurde wieder Znüni geklaut.

L: Den Znüni unter das Pult legen.

P2: Bei Herr J dürfen wir nur zu viert rausgehen, obwohl es 6 Stühle hat und jeder Platz hat.

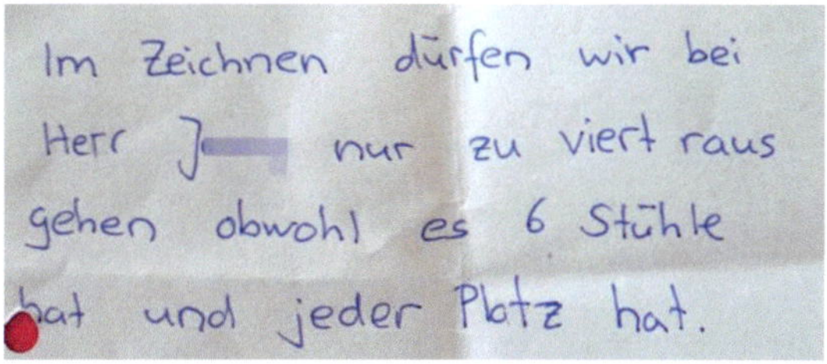

Im Zeichnen dürfen wir bei Herr J[redacted] nur zu viert raus gehen obwohl es 6 Stühle hat und jeder Platz hat.

L: Frau S spricht mit Herr J.

W: Dürfen wir Wichteln, statt einen Adventskalender machen?

L: Wichteln mit Frau S und evtl. mit Herr J.

P3: Mich stört, dass die unterschriebenen Prüfungen jeweils so lange brauchen, bis sie wieder auf meinem Pult liegen.

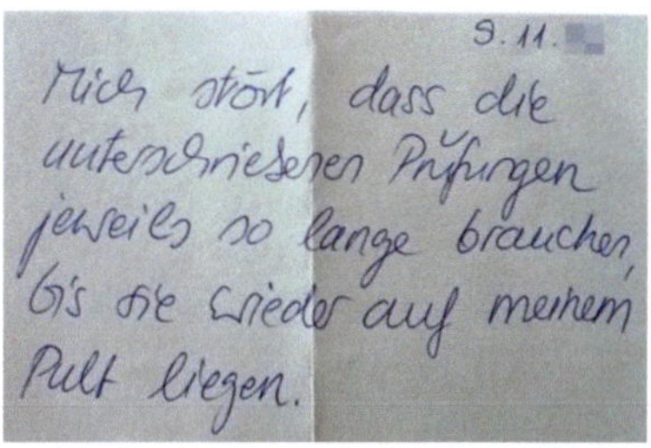

9.11.[redacted]

Mich stört, dass die unterschriebenen Prüfungen jeweils so lange brauchen, bis sie wieder auf meinem Pult liegen.

L: Man hat ein bis zwei Tage Zeit, die Tests unterschreiben zu lassen, ansonsten bekommt man eine Verwarnung.

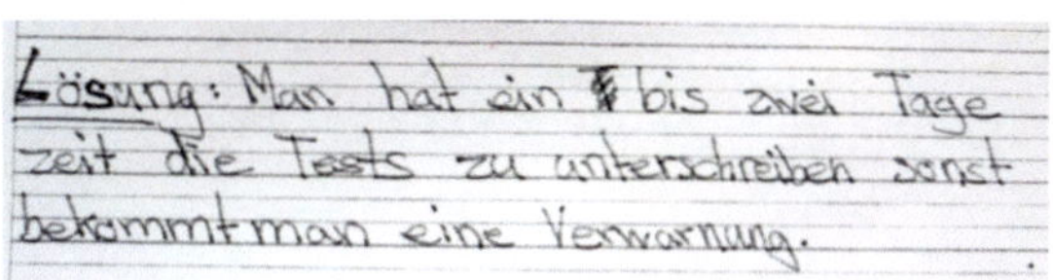

Lösung: Man hat ein bis zwei Tage zeit die Tests zu unterschreiben sonst bekommt man eine Verwarnung.

P4: A sagt mir immer, halt deine Fresse und andere schlimme Wörter. Auch sagt sie solche Sachen zu anderen Kindern.

L: Derjenige der beginnt, bekommt einen Strich. (eine Verwarnung)

P5: N liest einfach unser Plakat ohne uns zu fragen oder ohne Erlaubnis.

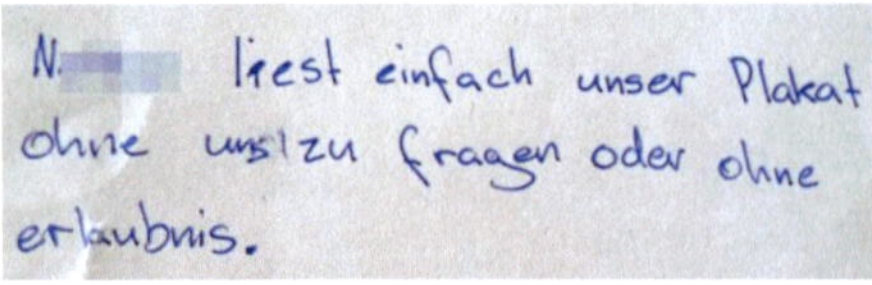
N liest einfach unser Plakat ohne uns zu fragen oder ohne erlaubnis.

L: Man dreht das Plakat um und schreibt «Bitte nicht umdrehen».

W: Wir sollten unsere alten Sachen verkaufen, um Geld zu verdienen für arme Kinder.

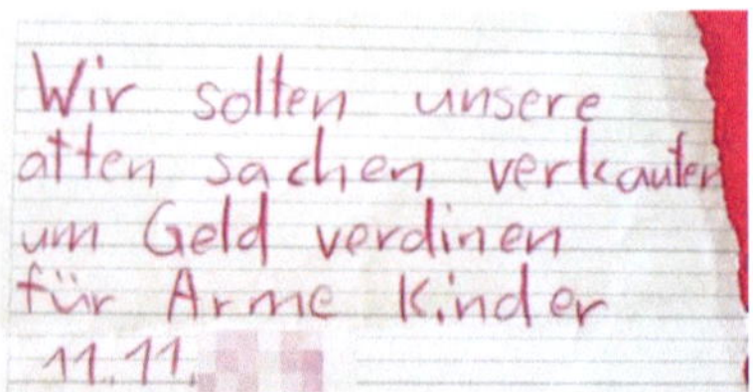
Wir sollten unsere alten sachen verkaufen um Geld verdinen für Arme Kinder 11.11.

L: In der Freizeit das selber organisieren.

24.11.

P1, altes Problem vom 17.11.: Es wurde wieder Znüni geklaut.

L: Den Znüni unter das Pult legen.

P2: Wer ist verantwortlich fürs Wichteln?

L: A1, A2 und H. Man kann das Geschenk geben, wann man will.

P3: Mich stört, wenn zu Stundenbeginn noch die Unterlagen vom vorigen Fach auf dem Tisch liegen und nicht die Unterlagen des aktuellen Unterrichtsfachs.

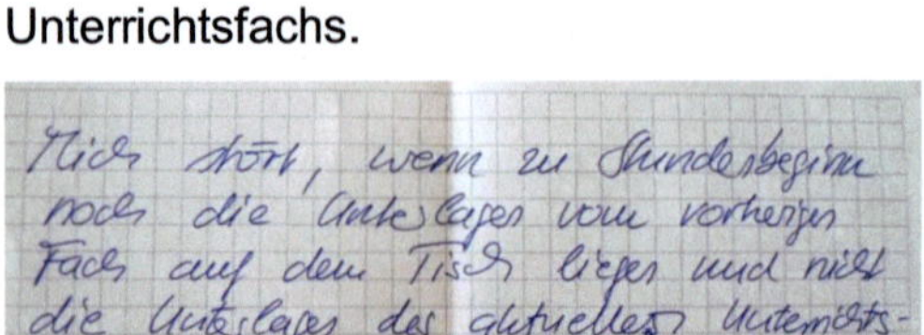
Mich stört, wenn zu Stundenbeginn noch die Unterlagen vom vorherigen Fach auf dem Tisch liegen und nicht die Unterlagen des aktuellen Unterrichts-fachs.

L: Wenn man die Mappe nicht parat hat, bekommt man eine Verwarnung.

P4: Mich stört, wenn Schülerinnen und Schüler Unterlagen auf meinem Pult anschauen.
L: Wenn man die Sachen anschaut und jemand es sieht, dann muss man eine Begründung schreiben und diese von den Eltern unterschreiben lassen.

P5: Mich stört, wenn einige Schüler und Schülerinnen ein inakzeptables Verhalten an den Tag legen, wenn ich oder Herr J nicht da sind.
L: Wenn jemand etwas Schlimmes macht, muss man mit der Lehrperson draussen reden.

8.12.

P1: T hat mir ein Loch in die Jacke gebissen.

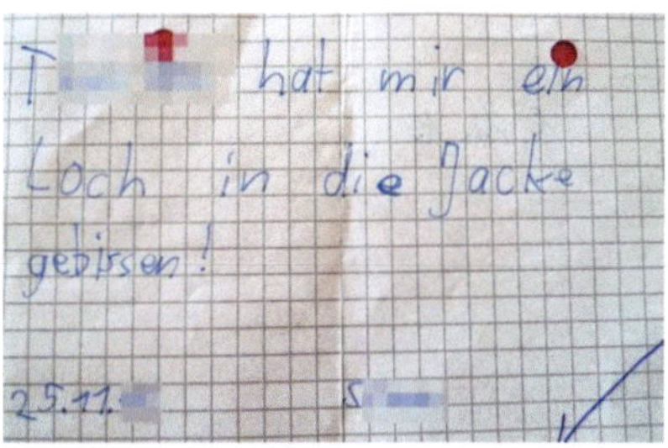

L: Wenn man etwas zerbeisst, bekommt man eine rote Karte.

P2: Herr J lässt uns einfach im Ordner abschauen.
L: Am Montag besprechen, wenn Herr J anwesend ist.

P3: Wenn es einen Test bei Herr J gibt, ist es immer zu laut.
L: Am Montag besprechen, wenn Herr J anwesend ist.

P4: N hat meinen Ball auf das Dach geschossen und jetzt ist er nicht mehr auf dem Dach. Ich habe es auch schon Herr H gesagt, der sagte, er habe keinen Ball.

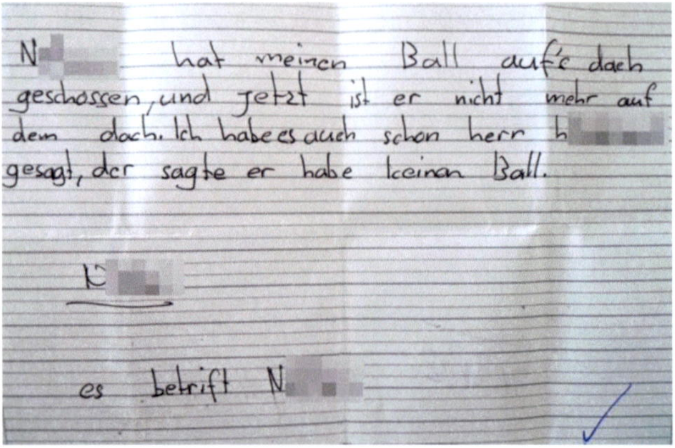

[redacted] hat meinen Ball auf'e dach geschossen, und jetzt ist er nicht mehr auf dem dach. Ich habe es auch schon herr [redacted] gesagt, der sagte er habe keinan Ball.

[redacted]

es betrift [redacted]

L: Wenn jemand den Ball auf das Dach schiesst, muss er ihn selber holen.

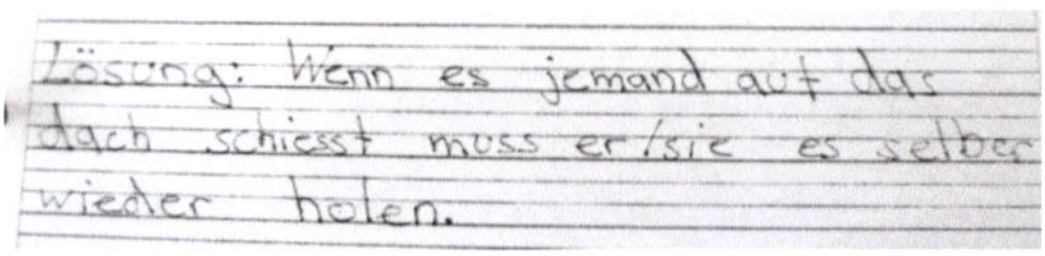

Lösung: Wenn es jemand auf das dach schiesst muss er/sie es selber wieder holen.

P5: In der Mathestunde hat N mich nicht gefragt, ob er auf meinem Platz sitzen darf.
L: Man muss diejenige Person erst fragen.

P6: A nahm uns einfach den Platz an dem Fenstersims weg und beleidigte mich.
L: Man soll einfach rutschen.

12.12.

P1: Wir gehen am Mittwoch und Freitag nicht mehr so gerne in die Schule.

L: Die Lehrperson muss sich für die Probleme einsetzen können. In 1 bis 2 Wochen schauen wir, ob es sich gebessert hat.

P2: Wenn wir einen Test haben, dann reden alle 4. und 5. Klässler und wir 6. Klässler können uns nicht konzentrieren.

L: Wer das tut, bekommt eine Verwarnung.

P3: A hat meine Flasche weggenommen. Dann ist sie ins Mädchen-WC gegangen. Dann hat sie mir die Flasche ins Gesicht geschossen und N zum Bluten gebracht.

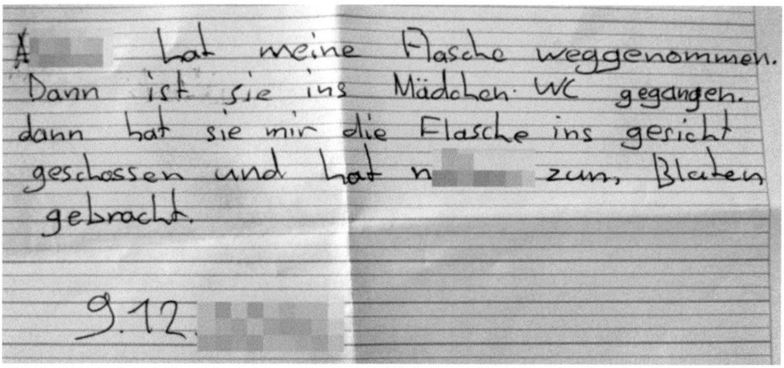
A[redacted] hat meine Flasche weggenommen. Dann ist sie ins Mädchen WC gegangen. dann hat sie mir die Flasche ins gesicht geschossen und hat N[redacted] zum Bluten gebracht.

9.12.[redacted]

L: A sollte eine Entschuldigung schreiben und sie von den Eltern unterschreiben lassen.

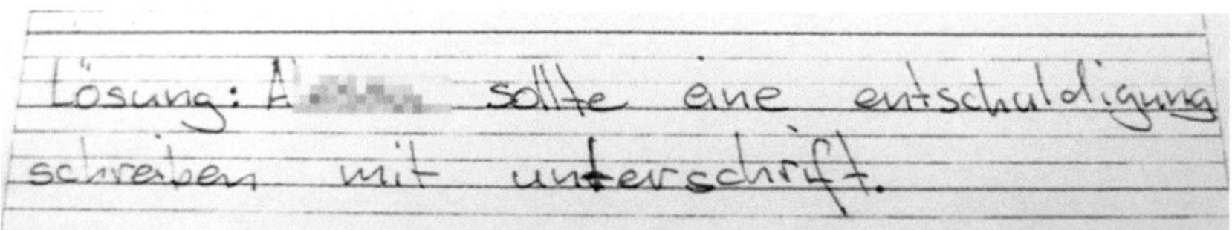
Lösung: A[redacted] sollte eine entschuldigung schreiben mit unterschrift.

22.12.

P1: Y nimmt immer Wasser an den Tisch.

L: Man muss am Lavabo trinken.

P2: Die Schüler aus meiner Klasse fragen mich immer, was sie tun müssen. Ich sage dann, dass sie doch selber zuhören sollten. Sie müssen selbst lernen.

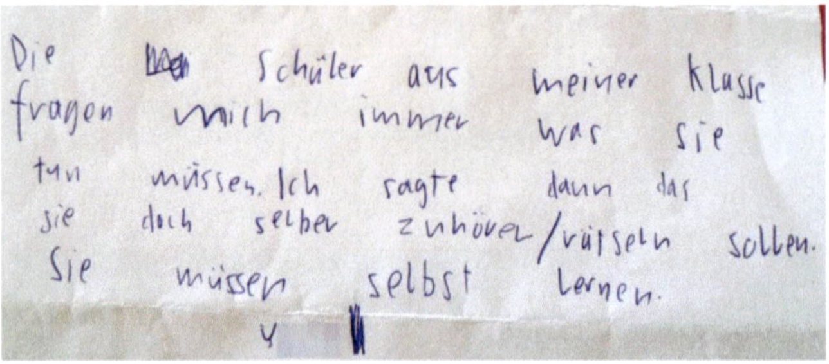

L: Wenn man nicht drauskommt, fragt man die Lehrperson.

P3: Wir können uns in der Stunde nicht konzentrieren, weil X immer mit ihren Rollschuhen herumläuft und herumfährt.

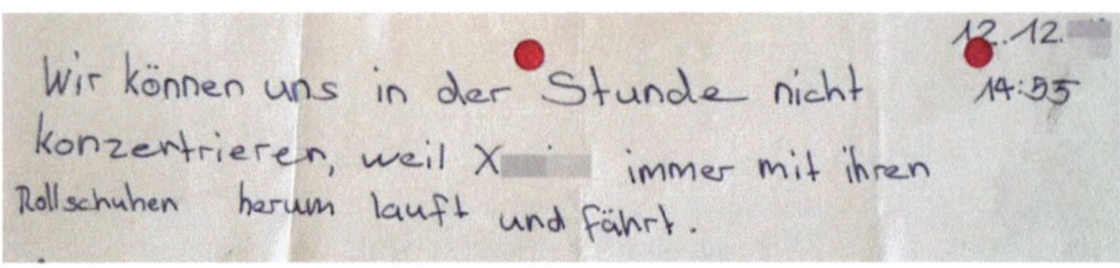

L: Man sollte die Hausschuhe anziehen.

P4: N hat auf Ns Korken einfach dummes Zeug draufgeschrieben.
L: Man sollte es der Lehrperson sagen. Dann bekommt man eine Verwarnung.
[Jeder Lernende hat drei Korken. Wenn er eine Verwarnung bekommt, muss er einen davon abgeben. Am folgenden Tag kann er ihn wieder abholen.]

P5: N ist A auf den Fuss gestanden und im Turnen hat er mich an die Wand gedrückt.
L: Man sollte Rücksicht auf die anderen nehmen.

P6: N hat im Turnen E gekratzt und geschubst.

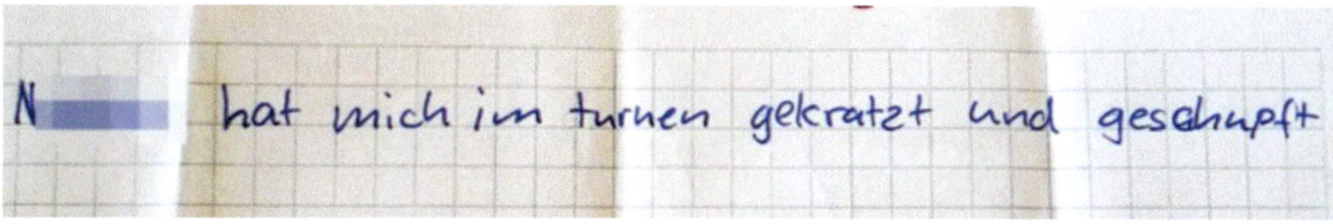

N hat mich im turnen gekratzt und geschupft

L: Wenn jemand einem fest wehtut, sagt man es der Lehrperson.

P7: N hat Y Esswaren angekickt.

L: Man sollte nicht mit Essen spielen. Sonst bekommt man eine Verwarnung.

P8: N hat G dreimal in das Bein gekickt und er hat sich nicht entschuldigt.

L: N muss sich bei G entschuldigen.

12.1.

P1: Y ist auf mein Konto gegangen, ohne mich zu fragen. Augenzeuge: N.

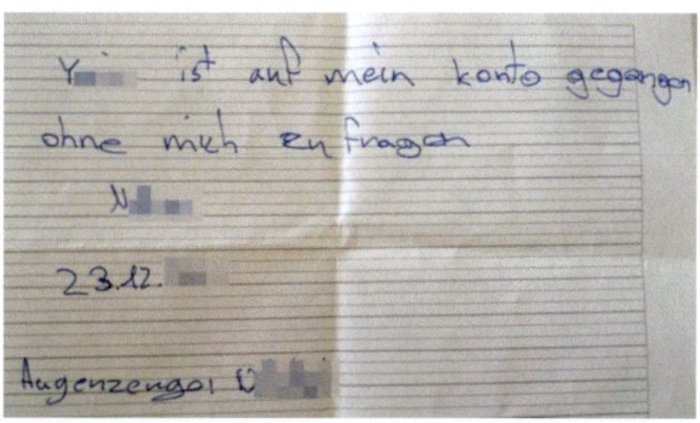

Y ist auf mein konto gegangen
ohne mich zu fragen
N
23.12.
Augenzeuge:

L: Man darf nicht in andere Konti gehen und nicht gamen.

P2: N hat mich schon wieder mit Schimpfwörtern beleidigt.

L: Wenn N etwas macht, müssen wir einen Zettel schreiben und N muss ihn nach Hause nehmen und unterschreiben lassen.

P3: N wirft mit Eisstücken auf uns.

L: Wenn man sich nicht entschuldigt, gibt es eine Verwarnung.

26.1.

P: T hat mich mit dem Buch geschlagen.

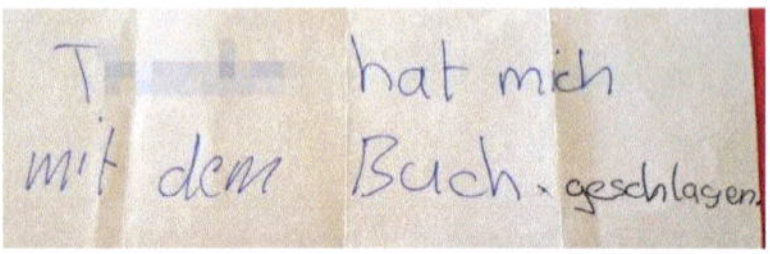
T[redacted] hat mich
mit dem Buch. geschlagen.

L: Wenn man ein Kind schlägt, muss man zur Lehrperson gehen. Das Kind muss dann eine Entschuldigung schreiben, ohne Unterschrift von den Eltern.

2.2.

P1: N und Y sind immer so laut, wenn sie draussen sind.

L: Wenn man zu laut ist, sagt man das der Lehrperson und das Kind muss hineinkommen.

P2: L schubst mich ständig gegen andere Leute.

L: Wenn man jemanden schubst, kriegt man eine Verwarnung.

9.2.

P1: Im Turnen wurde ich nicht von S akzeptiert, weil ich «schlecht im Werfen bin».

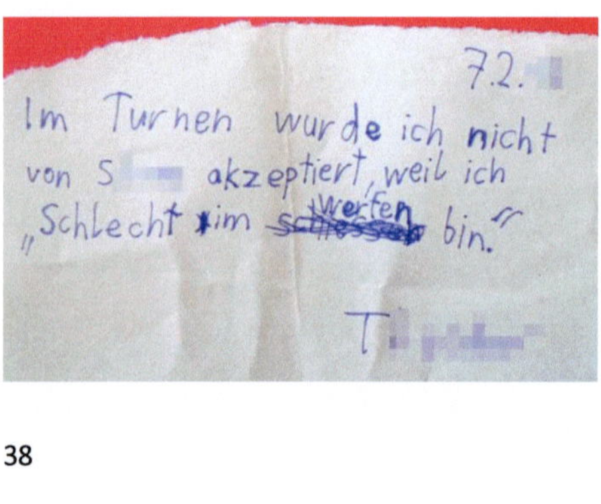
7.2.[redacted]
Im Turnen wurde ich nicht
von S[redacted] akzeptiert, weil ich
„Schlecht im werfen bin."
T[redacted]

L: Wenn man jemanden beleidigt, muss man zur Lehrperson gehen, dann muss derjenige mit der Lehrperson raus zum Reden.

P2: Welche Belohnung gibt es für verwarnungsfreie Schülerinnen und Schüler? Welche Bestrafung für Kinder mit Verwarnungen?

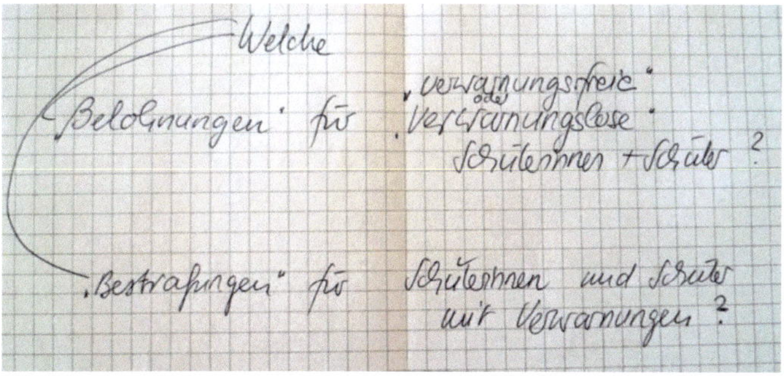

L: Alle müssen eine Belohnung und eine Bestrafung auf ein Blatt schreiben.

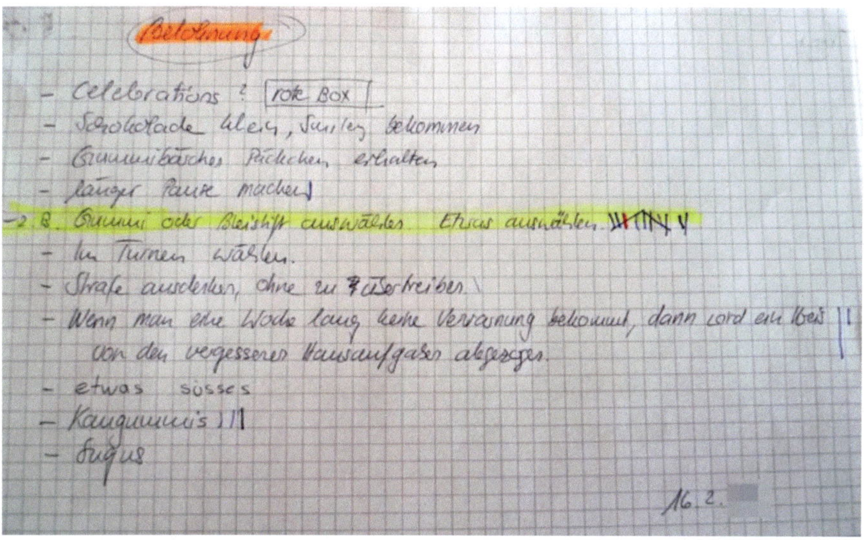

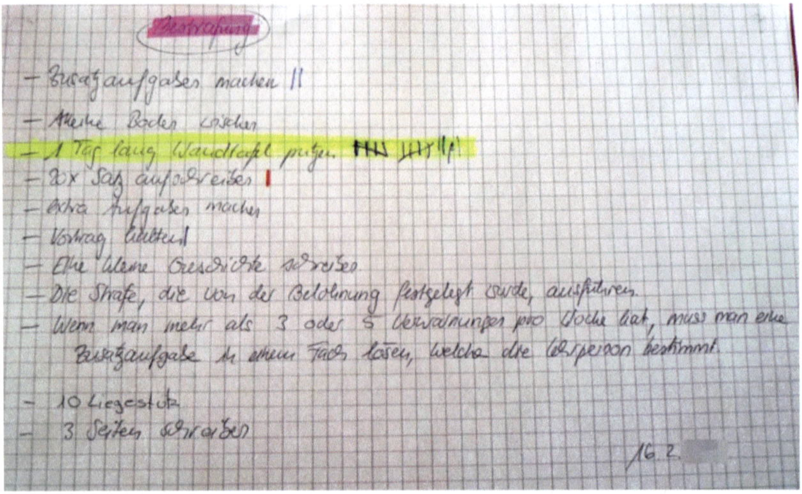
Bestrafung

- Zusatzaufgaben machen
- Alleine Boden wischen
- 1 Tag lang Wandtafel putzen.
- 20x Satz aufschreiben
- extra Aufgaben machen
- Vortrag
- Eine kleine Geschichte schreiben
- Die Strafe, die von der Belohnung festgelegt wurde, ausführen.
- Wenn man mehr als 3 oder 5 Verwarnungen pro Woche hat, muss man eine Zusatzaufgabe in einem Fach lösen, welche die Lehrperson bestimmt.
- 10 Liegestütz
- 3 Seiten schreiben

16.2.

[Diese Vorschläge der Schülerinnen und Schüler sind zusammengekommen. Gewählt wurden dann diejenigen mit den meisten Stimmen.]

P3: Welche Konsequenz gibt es, wenn jemand sein Amt nicht gut ausführt?

L: Wenn jemand das Blatt oder anderes liegen lässt, muss die Klassenvertretung es aufräumen.

[Jede Klasse hat eine Klassenvertretung. Diese wechselt wöchentlich.]

16.2.

P1: Was passiert mit denjenigen, die während vier Wochen keine Verwarnung kriegen?

L: Man erhält ein kleines Geschenk, einen Bleistift, Gummi etc.

P2: Unterschriebene Prüfungen werden viel zu spät zurückgebracht.

L: Wer einen Test vergisst, muss die Tafel putzen. Derjenige, der dieses Amt hat, kann ein anderes Amt auswählen.

P3: Ich habe gehört, dass jemand gesagt hat, wir dürften das nicht mehr in den Klassenrat bringen. Wer weiss Näheres darüber?
L: Wenn man etwas mit Frau M besprechen muss, bespricht man es mit ihr. Wenn es aber etwas für den Klassenrat ist, bespricht man es im Klassenrat.

23.2.

P1: L hat irgendein «Buch der Fails 2017» gemacht und MICH hineingezeichnet.
L: Wenn man nicht fragt, ob der oder die in das Heft rein darf, bekommt man eine Verwarnung.

P2: Welche Rechte und Pflichten haben die Gruppenmitglieder?

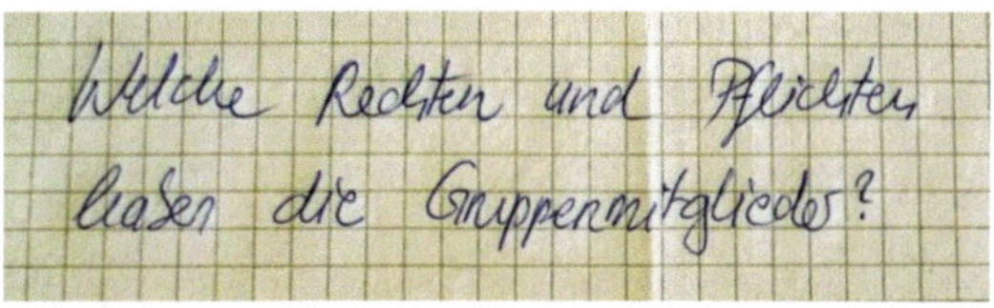
Welche Rechten und Pflichten
haben die Gruppenmitglieder?

L: Rechte: Jeder darf seine Meinung einbringen und sie sollte von allen akzeptiert werden. Pflichten: In einer Gruppe sollte jedes Mitglied etwas beitragen.

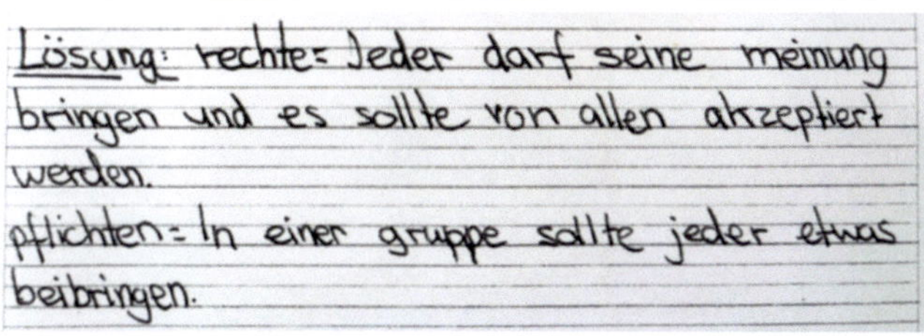
Lösung: rechte= Jeder darf seine meinung
bringen und es sollte von allen akzeptiert
werden.
pflichten= In einer gruppe sollte jeder etwas
beibringen.

P3: A hat mich Scheissmissgeburt genannt.
L: Man bekommt eine Verwarnung, wenn man so ein Wort sagt.

16.3.

P1: G hat meinen Massstab kaputt gemacht. (Bei der Begleitung eines Liedes)

L: Man soll mit der Fläche vom Massstab auf den anderen Massstab schlagen.

P2: Meine Korkzapfen sind verschwunden.

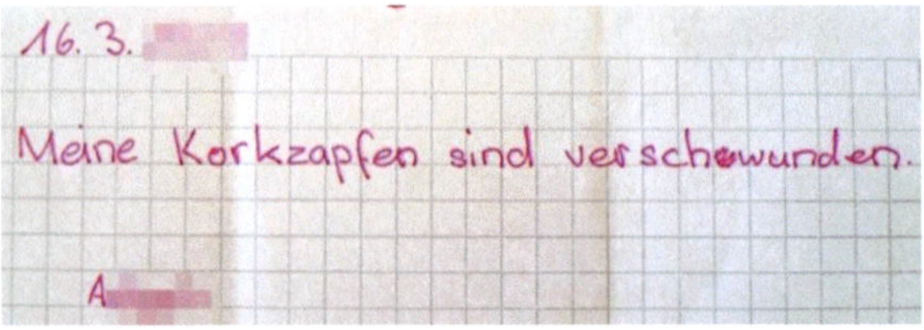

L: Wenn man Korken verliert, kann man bei Frau S neue holen.

P3: Bei mir und N sind nach den Ferien alle Tintenkiller verschwunden.

L: Man muss sich einen neuen Tintenkiller kaufen.

23.3.

P: Wie wollen wir den neuen Schüler F empfangen und in die Klasse einführen? Wer nimmt sich ihm an?

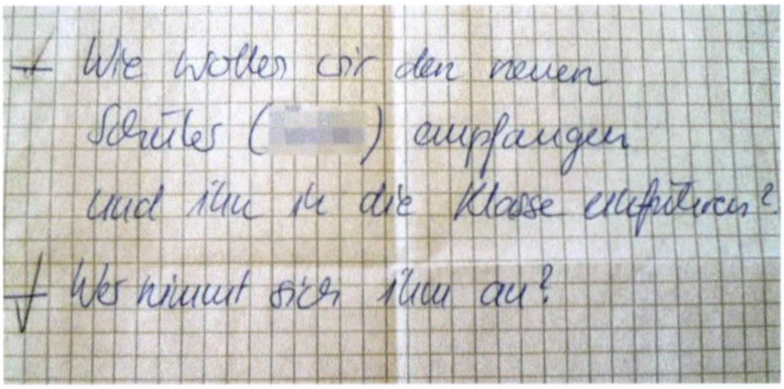

L: Wir machen ein Plakat, schreiben Herzlich Willkommen darauf und unsere Unterschriften. Seine Göttis sind N und S.

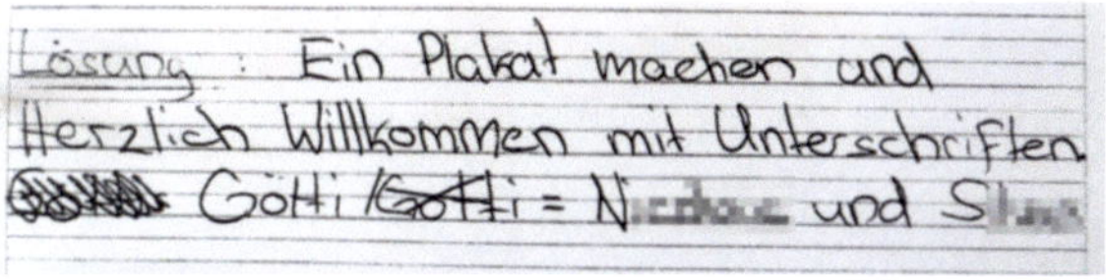
Lösung: Ein Plakat machen und
Herzlich Willkommen mit Unterschriften
Götti ~~Götti~~ = N[illegible] und S[illegible]

[Neue Schülerinnen und Schüler bekommen eine Gotte respektive einen Götti.]

30.3.

P1: In der Englischstunde redeten sie mir ständig drein und ich konnte keinen Satz aussprechen.

L: Man soll den anderen einfach ausreden lassen.

P2: L und G haben sich darüber lustig gemacht, dass mein Massstab in zwei Hälften gebrochen ist.

L: L und G dürfen T nicht mehr provozieren und T darf nicht mehr so schnell ausflippen.

P3: Wir Mädchen müssen immer aufräumen und die Jungs spielen oder laufen einfach weg.

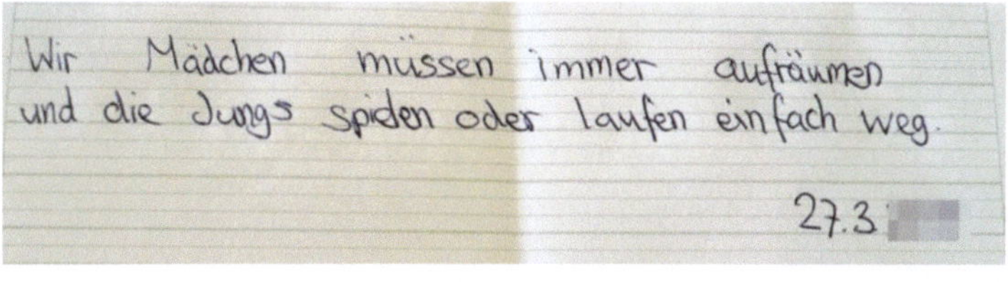
Wir Mädchen müssen immer aufräumen
und die Jungs spielen oder laufen einfach weg.
27.3.

L: Wenn man etwas rausnimmt, muss man es wieder versorgen.

6.4.

P1: A, E und X haben ins Themenbuch hineingeschrieben.

L: Jeder soll für sich alleine schauen.

P2: Welche Konsequenzen soll das Ballspielen im Gang haben?

L: Man muss eine Begründung mit Unterschrift von den Eltern schreiben.

P3: Was passiert, wenn jemand den Unterricht stört?

L: Frau M soll strenger und konsequenter sein.

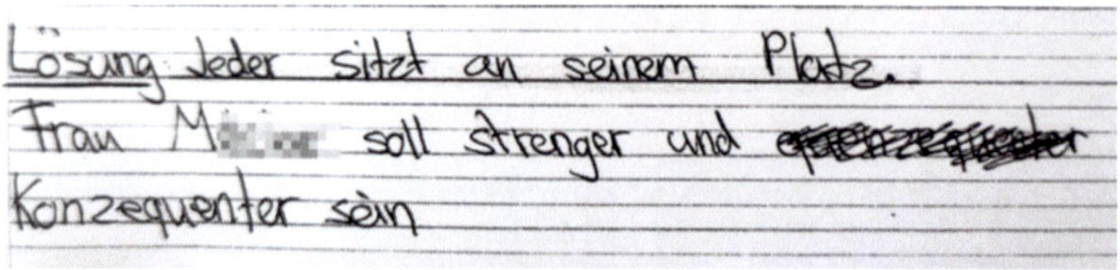
Lösung Jeder sitzt an seinem Platz.
Frau M soll strenger und [illegible]
Konzequenter sein

4.5.

P: N sitzt in der Garderobe immer auf den Kleidern von G, C und A.

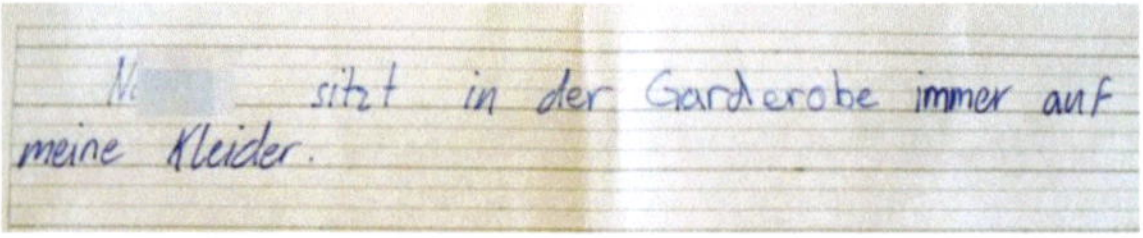
N sitzt in der Garderobe immer auf meine Kleider.

L: Wenn jemand auf deine Kleider hockt, wechsle den Platz.

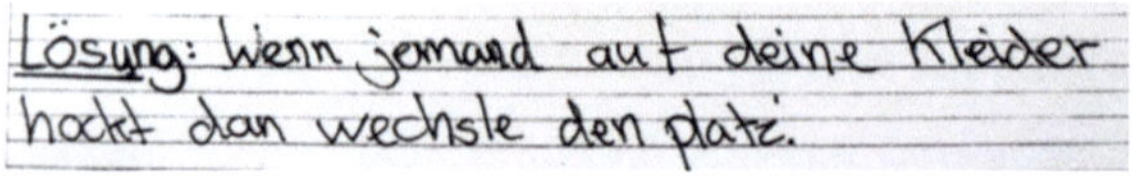
Lösung: Wenn jemand auf deine Kleider hockt dan wechsle den platz.

18.5.

P1: N1 sagt Y und N2, dass A es Brief gesagt hat und nicht ein Brief. Auch hat er sie ausgelacht.

L: Wenn jemand einen Fehler macht, kann man es ihm sagen.

P2: N1 und N2 haben in der Mathestunde bei Frau M nur Seich gemacht, rumgetrödelt.

L: Wenn man draussen zu laut ist, muss man reinkommen. Und wenn es gar nicht mehr geht, bekommt man eine Verwarnung.

P3: N sagt in der Pause die ganze Zeit Fluchwörter wie fuck you bitches. Auch stellt er uns das Bein, dass wir umfallen.

L: Wenn man das Bein stellt, bekommt man eine Verwarnung. Wenn man flucht, muss man sich entschuldigen.

P4: N ist sehr, sehr laut in der Mathestunde.

L: Wir müssen einen Zettel schreiben und N muss ihn nach Hause nehmen und unterschreiben lassen.

P5: N hat ein Puff auf seinem Tisch und hat seine Sachen meistens auf meiner Seite.

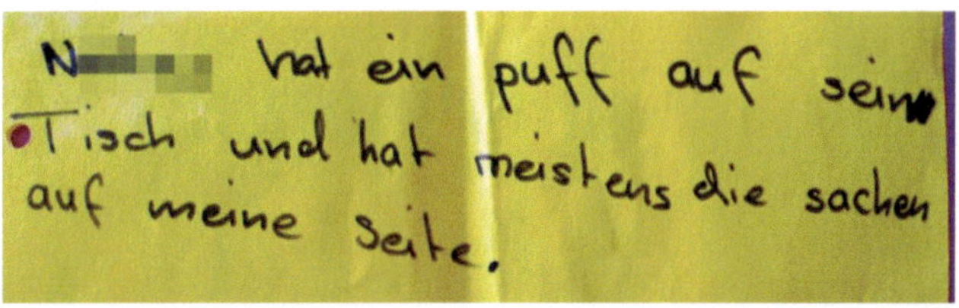
N[redacted] hat ein puff auf sein Tisch und hat meistens die sachen auf meine Seite.

L: N muss die Zettel nach Hause nehmen und sie bis Montag unterschreiben lassen.

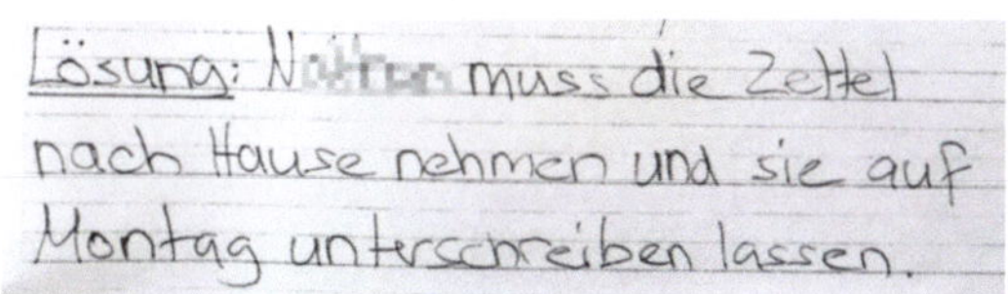
Lösung: N[redacted] muss die Zettel nach Hause nehmen und sie auf Montag unterschreiben lassen.

1.6.

P1: F hat in der Turnhalle alle Türen geschletzt.

L: Das werden wir nächste Woche besprechen, weil er nicht anwesend ist.

P2: N schaukelt immer mit dem Stuhl und es stört mich, weil z. B. wenn ich durchlaufen will, kann ich nicht und R auch nicht.

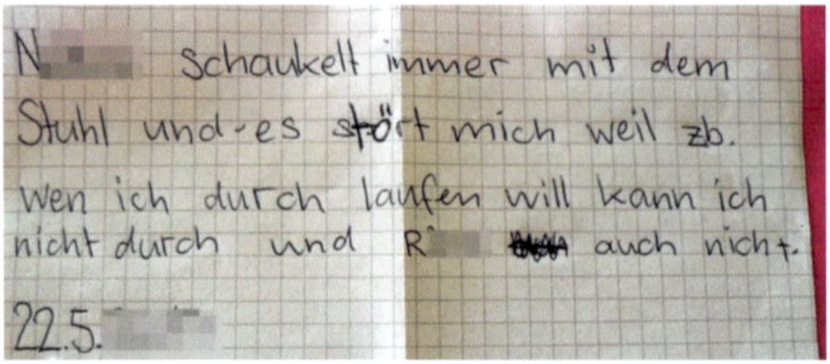

N schaukelt immer mit dem
Stuhl und es stört mich weil zb.
wen ich durch laufen will kann ich
nicht durch und R auch nicht.
22.5.

L: Wenn man schaukelt, sollten die anderen noch durchlaufen können.

P3: N nennt mich immer Frau K und er sagt, ich passe zu Y und das nervt.

L: Wenn man möchte, dass jemand einem den Spitznamen sagt, kann man es sagen. Wenn man es nicht will, muss der andere diesen nicht sagen.

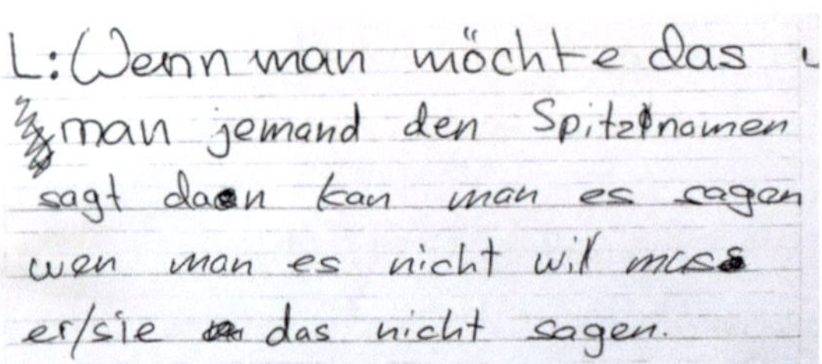

L: Wenn man möchte das
man jemand den Spitznamen
sagt dann kan man es sagen
wen man es nicht will muss
er/sie das nicht sagen.

8.6.

P1: F lacht immer alle aus.

L: Wir besprechen es nächste Woche, weil er nicht da ist.

P2: G, A1, A2, A3, E, R und L lachten mich aus, weil ich ein bisschen nass am Hintern war.

L: Man darf nur kurz lachen und es ihm/ihr sagen.

P3: Auf meinem Platz ist Wasser.

L: Es ist nicht mehr vorgekommen.

P4: Es ist sehr laut in der Mathestunde. Die Jungs, vorallem Y und N.

L: Wenn man zu laut ist, bekommt man eine Verwarnung. A sagt es Frau M.

15.6.

P1: F lacht immer alle aus.

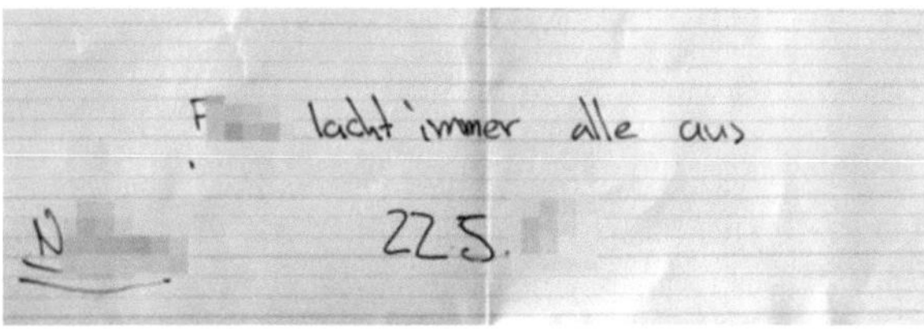

L: Man darf nur kurz lachen und es ihm/ihr sagen.

P2: F hat in der Turnhalle alle Türen geschletzt, weil er das WC nicht gefunden hat und er hört nie auf, mich zu stressen.

L: Man muss fragen. F muss die anderen Kinder fragen, wo etwas ist.

P3: Es stört mich, wenn Bälle bei unserem Pult am Boden liegen.

L: Wir tun die Bälle in eine Kiste.

29.6.

P1: L hat am Dienstag in der Turnstunde gelacht, wo er draussen war, und am Freitag hat er auch mitgeturnt, obwohl er als verletzt gemeldet war.

L: L sollte es seinen Eltern sagen und nicht mehr auslachen.

P2: Mein Trainingsbuch ist verschwunden.

L: Wir haben es gefunden.

11.7.

P: In der Pause oder im Sport werde ich genervt und N sagt, ich würde mich cool fühlen und dann sagt G, ja, das stimmt.

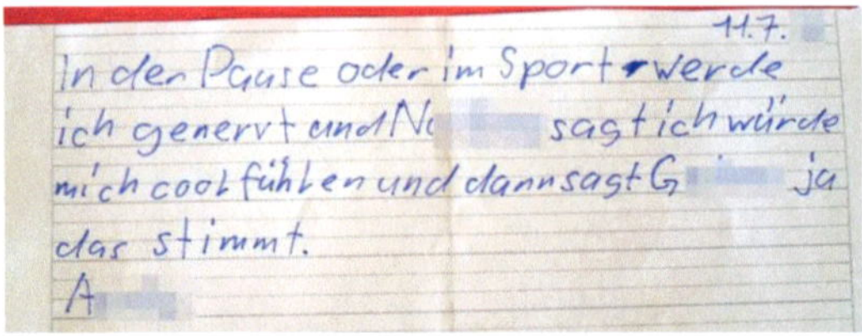
11.7.
In der Pause oder im Sport werde
ich genervt und N[redacted] sagt ich würde
mich cool fühlen und dann sagt G[redacted] ja
das stimmt.
A[redacted]

L: Wir dürfen nicht provozieren. Wenn man nicht aufräumt, muss man in der Turnstunde 5 Runden mehr rennen und 5 Liegestützen mehr machen.

24.8.

P1: E hat mich geschupst.

L: Wir sind genug alt, um das zu lösen.

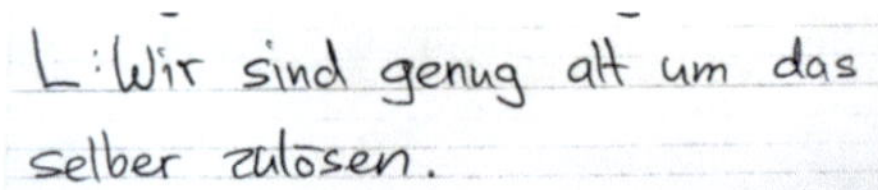
L: Wir sind genug alt um das
selber zulösen.

P2: Heute morgen mussten wir um die Langbänke rennen. Jedes Mal wenn Frau S in die Hände klatschte, musste man auf die Bank stehen. E klatschte in die Hände und ich dachte, wir müssten auf die Bank und sprang darauf und bekam eine Verwarnung.

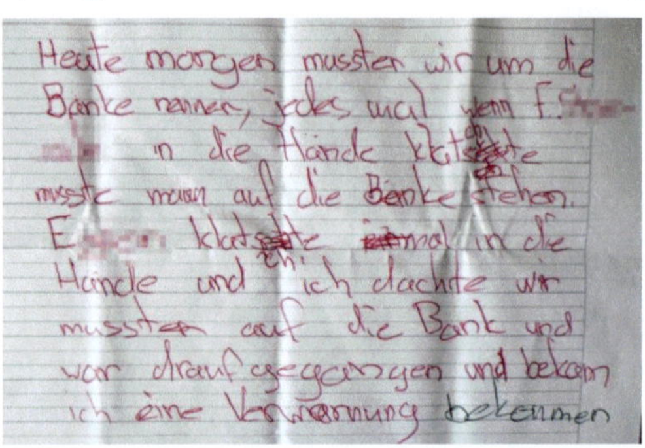
Heute morgen mussten wir um die
Bänke rennen, jedes mal wenn F[redacted]
[redacted] in die Hände klatschte
musste man auf die Bänke stehen.
E[redacted] klatschte einmal in die
Hände und ich dachte wir
mussten auf die Bank und
war drauf gegangen und bekam
ich eine Verwarnung bekommen

L: E sollte eine Verwarnung bekommen und nicht N.

P3: Y hat am Mittwoch die ganze Zeit Blödsinn gemacht.

L: Y sollte sich zusammenreissen und wenn das nicht geht, dann bekommt er eine Verwarnung.

31.8.

P1: Y hörte nie zu, als ich ihm etwas erklären wollte im Englisch. Ich hätte ihn fast anschreien müssen, dass er mir zuhört.

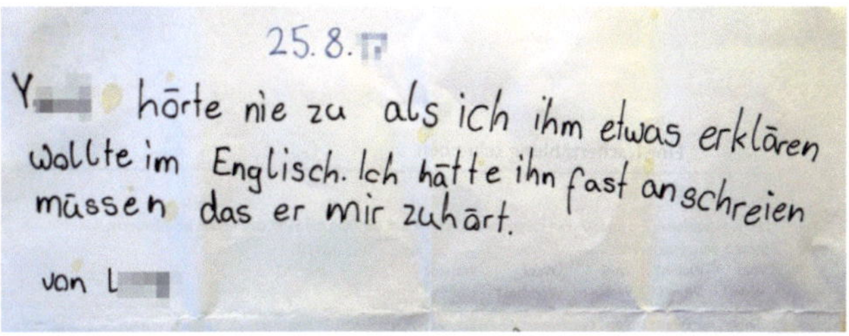

25.8.[redacted]

Y[redacted] hörte nie zu als ich ihm etwas erklären wollte im Englisch. Ich hätte ihn fast anschreien müssen das er mir zuhört.

von L[redacted]

L1: Wenn jemand nicht zuhört, sollte man einfach weiterarbeiten.

P2: Im Zeichnen hat Y auf mein Bild gekritzelt. Er hat nicht gemacht, was Frau H gesagt hat.

L: Wenn die Lehrerin etwas sagt, dann muss man das machen, wenn nicht, dann kriegt man eine Verwarnung.

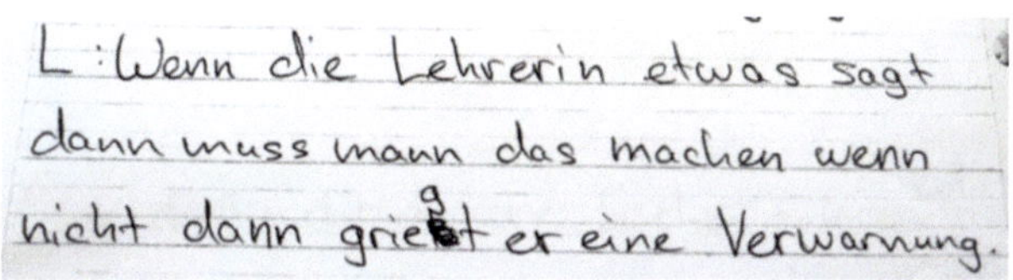

L: Wenn die Lehrerin etwas sagt dann muss mann das machen wenn nicht dann griegt er eine Verwarnung.

P3: E lehnt die ganze Zeit nach hinten und spielt mit meinen Sachen.

L: Man darf nicht nach hinten lehnen.

P4: Die anderen bellen mich immer an. A hat am Anfang der Stunde so getan, als würde er mir einen Fressnapf hinstellen.

L: Alle sollten mit dem «Hund» aufhören.

P5: A hat mein Hausaufgabenheft gebogen.

L: Man darf nicht fremde Sachen anfassen.

P6: N sagt immer doofe Sprüche und muss zu allem seinen Kommentar abgeben. Zum Beispiel hat er gesagt, geh doch im Fressnapf dein Essen holen und Madame etc.

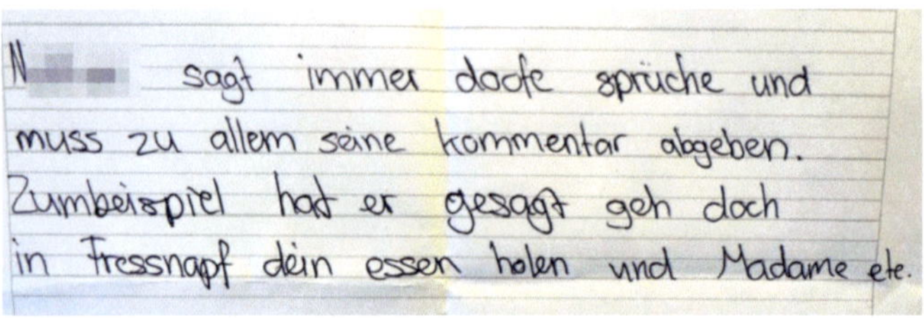
N sagt immer doofe sprüche und
muss zu allem seine kommentar abgeben.
Zumbeispiel hat er gesagt geh doch
in Fressnapf dein essen holen und Madame etc.

L: N bekommt eine Verwarnung.

7.9.

P1: E und A bellen Y immer an.

L: Sie sollten aufhören, zu bellen.

P2: Wir müssen Delegierte für den Schülerrat bestimmen.

L: E1 und E2.

P3: E hat in meinen Sachen rumgeschnüffelt.

L: E bekommt eine Verwarnung.

P4: Y hat As und mein Etui geklaut und versteckt. Auch hat er uns mit dem Stift gestochen und mich geschlagen.

L: Er muss eine Verwarnung kriegen und den Zettel von den Eltern unterschreiben lassen.

P5: Wie wollen wir das handhaben, wenn jemand ein Buch zu Hause vergisst?

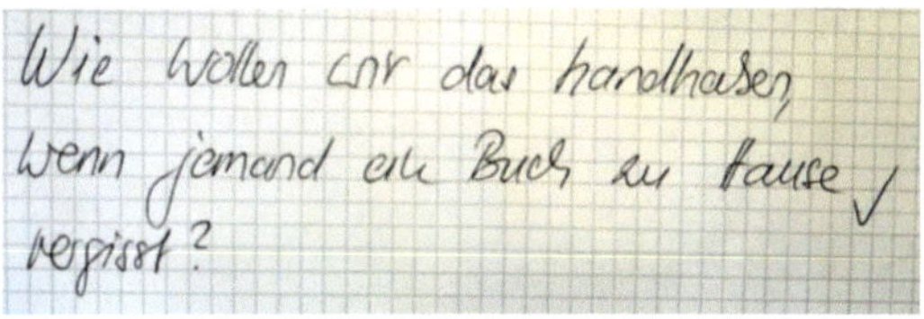
Wie wollen wir das handhaben,
wenn jamand ein Buch zu Hause ✓
vergisst?

L: Wenn das passiert, bekommt man eine Verwarnung.

P6: Wo wollen wir das Bild der Göttiklasse aufhängen?

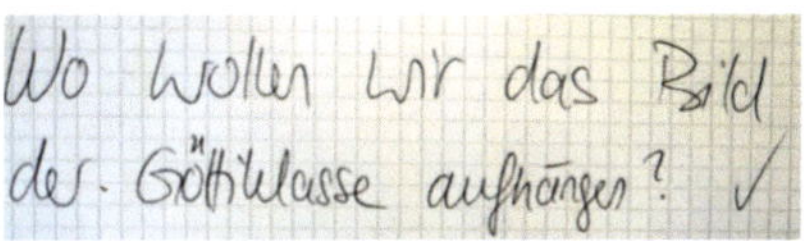
Wo wollen wir das Bild
der. Göttiklasse aufhängen? ✓

L: Wir hängen es an der Zimmertür auf.

14.9.

P1: A1 und A2 provozieren mich solange, bis ich ausraste. A2 hat mich in die Wirbelsäule gekickt. A1 beschuldigt mich für Sachen, die ich nicht getan habe.

L: Wir hören auf zu schlagen und gehen uns aus dem Weg.

P2: G hat mich Elefant genannt.

L: Die Klassenregeln sollten auch ausserhalb des Klassenrates gelten.

P3: Y hat mich mit dem Buch geschlagen.

L: Y sollte sich bei N entschuldigen.

P4: Y schreibt immer Briefe, obwohl wir gar nichts machen.

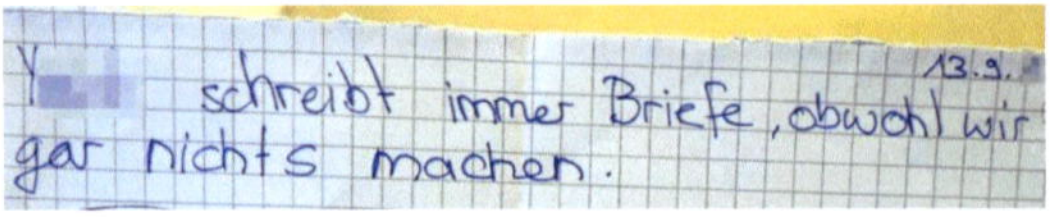

13.9.
Y schreibt immer Briefe, obwohl wir gar nichts machen.

L: Sich aus dem Weg gehen.

P5: Y schmeisst immer meinen Becher um. Und das nervt.

L: N1 und N2 passen auf Y auf.

P6: Y hat den Tisch nach vorne geschoben und mich verquetscht.

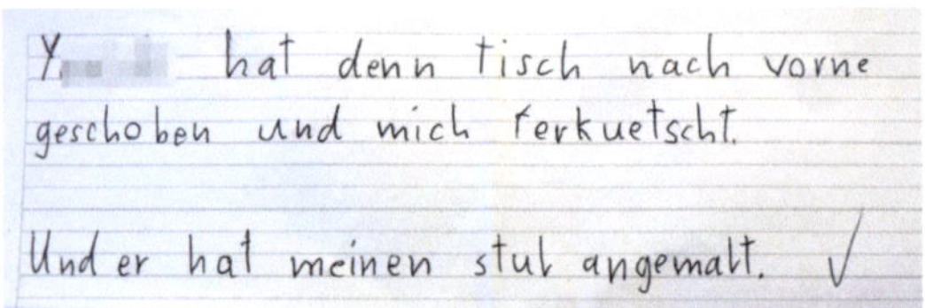

Y hat denn tisch nach vorne geschoben und mich ferkuetscht.

Und er hat meinen stul angemalt. ✓

L: Y wechselt den Platz nach vorne.

21.9.

P1: E oder G haben meine Feder versteckt.

L: Wenn man die Feder oder andere Dinge findet, muss man sie zurückgeben.

P2: G hat laut geschlürft, ich konnte mich nicht konzentrieren.

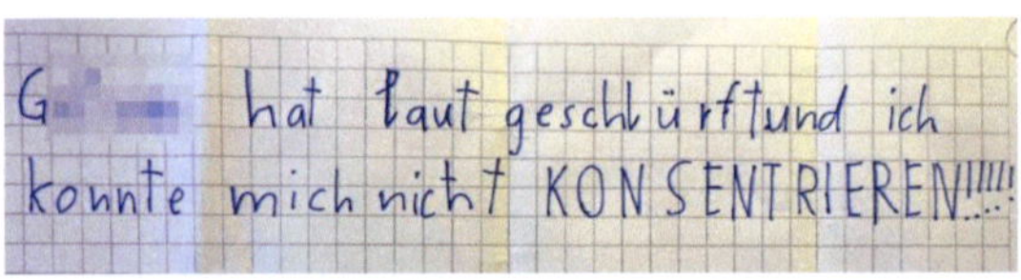

G hat laut geschlürftund ich konnte mich nicht KONSENTRIEREN!!!!!

L: Wenn man den Unterricht stört, bekommt man eine Verwarnung.

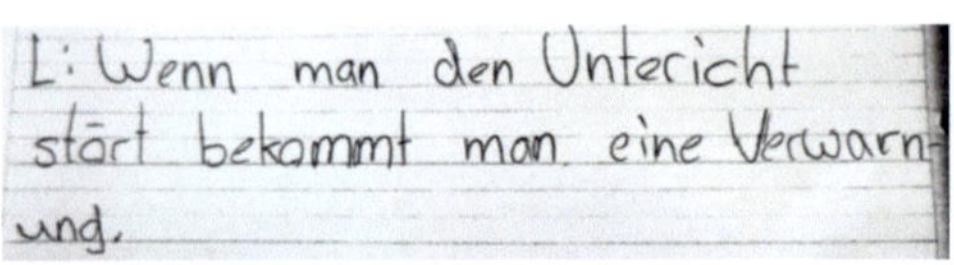

L: Wenn man den Untericht stört bekommt man eine Verwarn-ung.

28.9.

P: Die 4. Klässler-Knaben machen nie die Türe zu.

L: Beim ersten Mal, wenn man vergisst, die Türe zu schliessen, bekommt man eine Ermahnung und beim zweiten Mal eine Verwarnung.

5.10.

P1: Die 4. Klässler sind sehr laut in der Mathematikstunde.

L: Wenn man frech ist, bekommt man eine Verwarnung.

P2: E nennt mich immer Glatzkopf und das nervt.

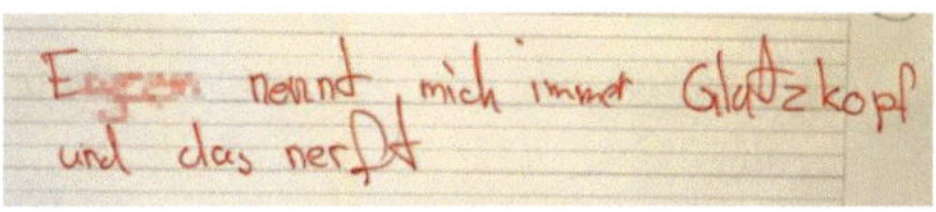
[redacted] nennd mich immer Glatzkopf
und das nerfdt

L: Wenn es im Klassenrat 3 Briefe oder mehr über einen Schüler, eine Schülerin gibt, muss er oder sie diese nach Hause nehmen und von beiden Elternteilen unterschreiben lassen.

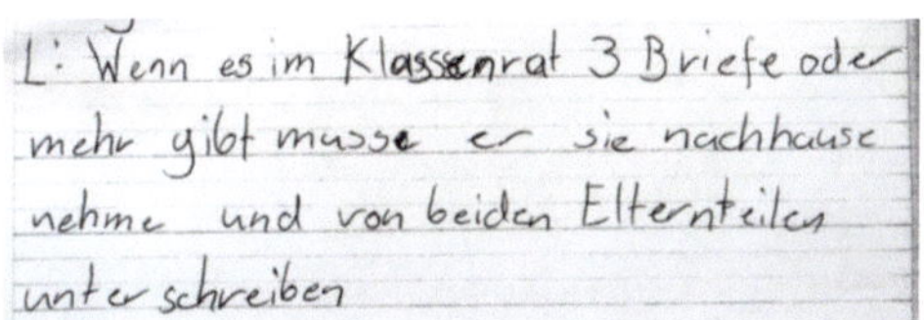
L: Wenn es im Klassenrat 3 Briefe oder
mehr gibt musse er sie nachhause
nehme und von beiden Elternteilen
unter schreiben

P3: Jemand wirft immer meinen Rucksack von der Bank.

L: Die zwei Aufpasser vom Ämtli «Ordnung halten» müssen aufpassen.

P4: N erzählt einfach Lügen, die nicht stimmen.

L: N soll einfach damit aufhören.

26.10.

P: Könnten wir mal einen Ausflug machen, z. B. Schlittschuhlaufen gehen oder etwas anderes?

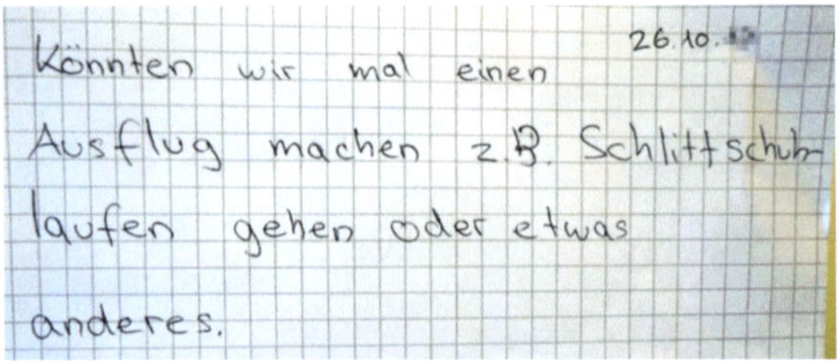
26.10.

Könnten wir mal einen Ausflug machen z.B. Schlittschuh-laufen gehen oder etwas anderes.

L: Wir gehen Schlittschuhlaufen, wenn Herr S ja sagt.

2.11.

P1: N «gagelt» immer mit dem Stuhl.

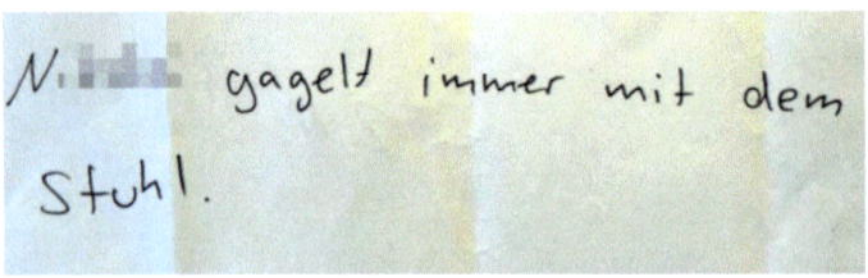
N gagelt immer mit dem Stuhl.

L: Wenn man beim Gageln am hinteren Tisch anschlägt, dann soll man es melden.

P2: Die Mädchen spielen nie fair.

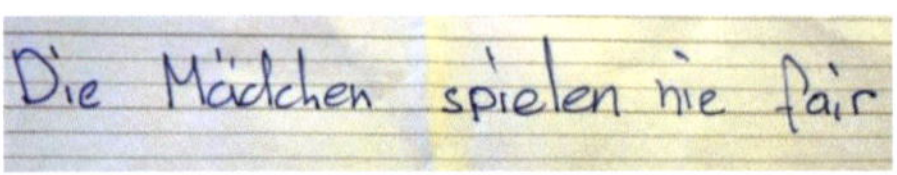
Die Mädchen spielen nie fair

L: Beide Geschlechter müssen fair spielen.

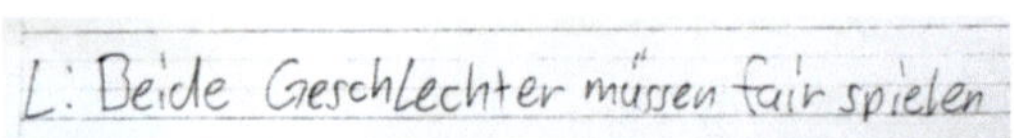
L: Beide Geschlechter müssen fair spielen

P3: E ist immer weggelaufen bei Spielen in der Turnhalle.

L: Wenn man im Turnen nicht mitmacht, muss man einen Korken abgeben.

P4: E sagt immer dumme Sachen, z. B. «Lern mal rennen, unsere Lehrerinnen sind Scheisse». Im Turnen macht er auch nicht richtig mit. Und gestern hat er nicht geturnt. Er beleidigt sehr viel.

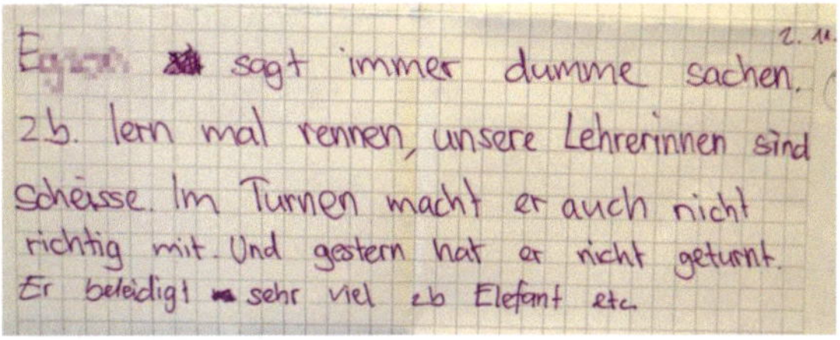

[redacted] sagt immer dumme sachen. 2. 11.
z.b. lern mal rennen, unsere Lehrerinnen sind
scheisse. Im Turnen macht er auch nicht
richtig mit. Und gestern hat er nicht geturnt.
Er beleidigt sehr viel zb Elefant etc.

L: Wenn jemand etwas Gemeines sagt, muss man zu Frau S gehen und sie schreibt es auf.

16.11.

P1: N sagt mir immer Spitznamen. Er nervt mich jedes Mal während der Stunde. Er schaut auch immer meine Sachen an.
L: A soll es ihm sagen und wenn er dann nicht aufhört, muss sie zu Frau S gehen.

P2: Es kommt oft vor, dass ich und andere Kinder immer aufstrecken, um etwas zum Thema im Klassenrat zu sagen, aber nie dran kommen.

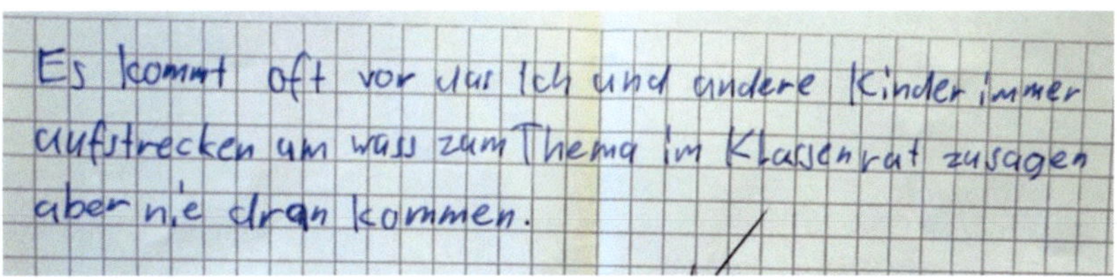

Es kommt oft vor das Ich und andere Kinder immer
aufstrecken um wass zum Thema im Klassenrat zusagen
aber nie dran kommen.

L: Der Moderator muss immer abwechseln, wen er dran nimmt.

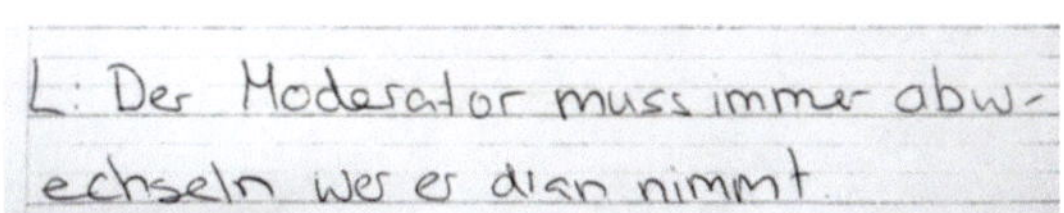

L: Der Moderator muss immer abw-
echseln wes er dran nimmt

P3: So gut wie immer, wenn wir 6. Klässler draussen beim Englisch sind, liegen immer Sachen bzw. Blätter auf unseren Pulten.
L: Man muss die Dinge, die man auf die Pulte legt, immer wieder wegnehmen.

P4: Können wir wichteln? H, A und ich würden das übernehmen.

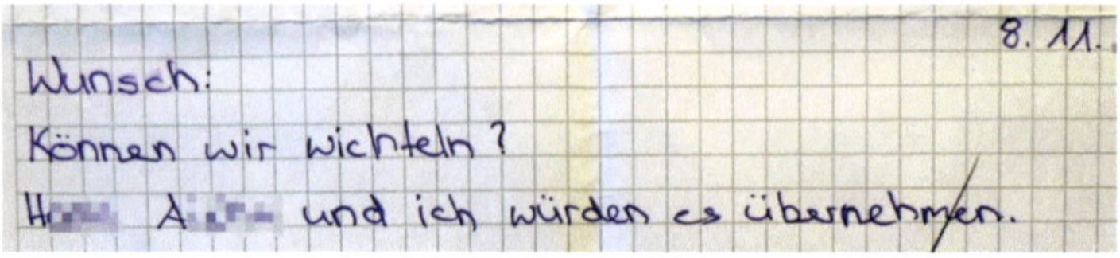
8. 11.
Wunsch:
Können wir wichteln?
[redacted] [redacted] und ich würden es übernehmen.

L: Ja, das Geschenk darf nicht über 10 Franken sein. Man hat vom 1. – 21. Dezember Zeit, das Geschenk demjenigen zu geben.

P5: E, H und A haben am Freitag nicht geholfen, aufzuräumen.

L: Sie müssen das Amt nächste Woche nochmals machen.

23.11.

P1: Jemand hat mein Geodreieck genommen.

L: Derjenige, der es hat, sollte es zurückgeben.

P2: Mein Korkzapfen ist verschwunden.

L: Wenn jemand den Korken findet, muss er ihn zurückgeben. Oder diejenigen, die das Amt «Ordnung halten» haben, sollten ihn in die Fundgrube hineinlegen.

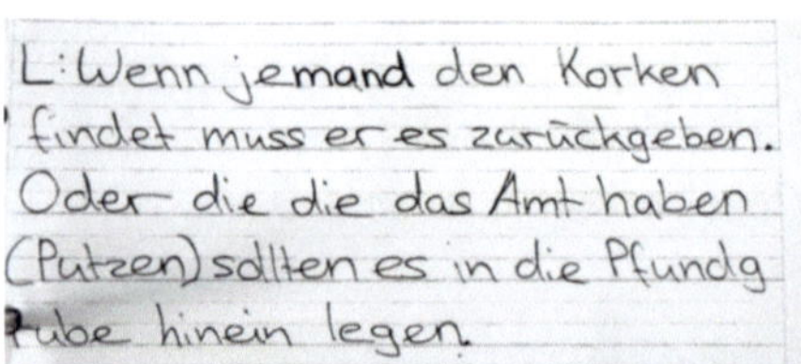
L: Wenn jemand den Korken
findet muss er es zurückgeben.
Oder die die das Amt haben
(Putzen) sollten es in die Pfundg
rube hinein legen.

P3: A macht dauernd blöde Geräusche und das nervt mega.

L: A sollte aufhören. Wenn nicht, sollte H es A sagen.

P4: A1 hat mir «Schlampe» und H hat A2 «Pitsch» also «Bitch» gesagt.

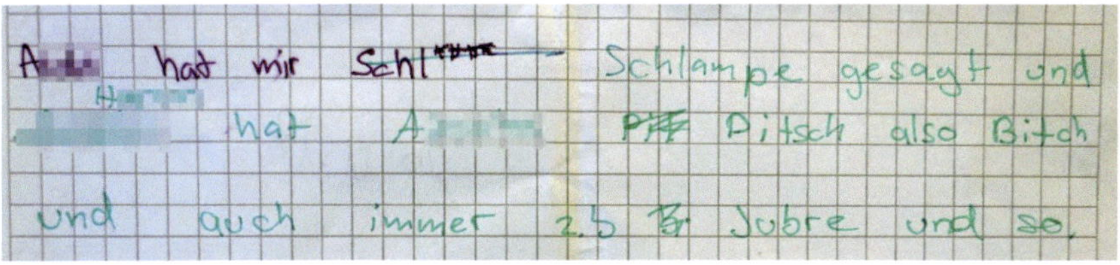
[redacted] hat mir Schl~~…~~ Schlampe gesagt und [redacted] hat [redacted] ~~P…~~ Pitsch also Bitch und auch immer z.B. ~~B~~ Jubre und so.

L: Beide Wörter kommen auf die «Schwarze Liste» und beide Schüler müssen sich entschuldigen.

[Auf der Schwarzen Liste stehen Wörter, die zu sagen, verboten ist. Wenn jemand ein solches Wort trotzdem sagt, kriegt er oder sie die Rote Karte. Dann gilt es, eine Begründung zu schreiben und sie von den Eltern oder Erziehungsberechtigten unterschreiben zu lassen.[16]]

30.11.

P1: A macht noch immer Geräusche.

L: Eine andere Person sollte es ihm sagen.

P2: A muss H Entschuldigung sagen.

L: Heute nach der Schule um 11:45 Uhr.

P3: A kitzelt mich einfach so!

L: Er soll damit aufhören.

P4: A hat meinen Spitzer fallen gelassen. Ich habe ihr gesagt, dass sie ihn aufheben muss. Sie hob ihn auf, warf ihn aber einfach auf den Tisch.

L: A muss sich bei N entschuldigen.

[16] Folgende Wörter stehen auf der Schwarzen Liste: Missgeburt, Fick dich, Fotze, Fuck, Schlampe, Pitsch, Kokain, Drogen, Fuck you bitches, Walla, Yubra, Kurva, Elefant, Giraffe, Lutsch meine Eier, Verrückter Hurensohn, Arschblätter, Lutsch meinen Schwanz, Kreation Schwanz, Ich steck dir eine, Käse, Schwarze Schoggi, Shower, Behinderter Frauenverein, Leck du mir mal, Fremdsprachige Beleidigungen, Nuttensohn, Nutte.

L: A[redacted] muss N[redacted] Endschuldigung sagen.

7.12.

P1: N beleidigt mich mit bösen Schimpfwörtern und ist mehrmals voll pervers und sagt unangenehme Wörter.

L: Beide sollen aufhören.

P2: H beleidigt die ganze Zeit. Und hat uns gedroht, dass er mit seiner alten Klasse ins G kommt und uns mobbt.

H[redacted] beleidigt die ganze Zeit. Und hat uns gedroht das er mit seiner alten Klasse ins G[redacted] kommt und uns mobbt.

L: Alle beleidigenden Wörter kommen auf die Schwarze Liste. Er muss Entschuldigung sagen. Wenn es nochmals passiert, muss er drei Korken abgeben.

[Drei Korken abgeben heisst, eine Rote Karte.]

14.12.

P: N hat mir einfach Wasser aus einem Becher in das Gesicht geworfen.

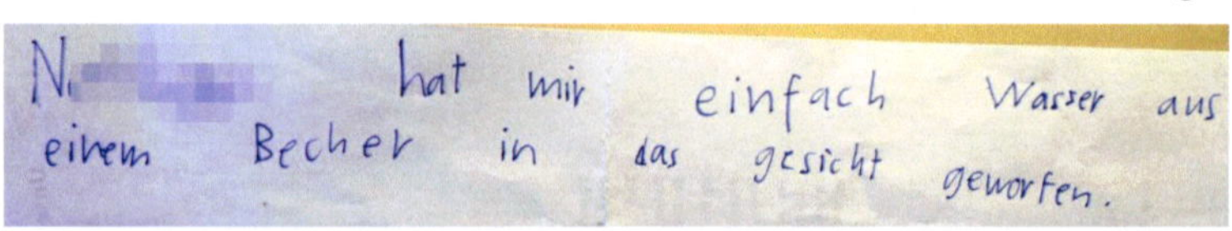

N[redacted] hat mir einfach Wasser aus einem Becher in das gesicht geworfen.

L: Man sollte beim Lavabo trinken und das Wasser dort ausleeren.

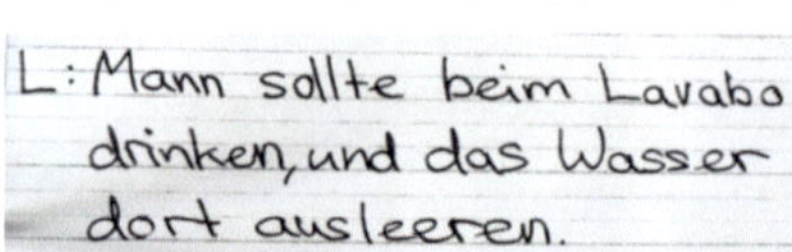

L: Mann sollte beim Lavabo drinken, und das Wasser dort ausleeren.

21.12.

P1: Y löst die Hausaufgaben in der Schule, weil er vergessen hat, sie zu machen.

L: Er bekommt eine Verwarnung.

P2: G macht die ganze Zeit Faxen. Er beleidigt uns die ganze Zeit und A lacht nebenbei.

L: Beide müssen sich entschuldigen und bekommen eine Verwarnung.

11.1.

P: N hört einfach nicht auf, perverse Wörter zu sagen.

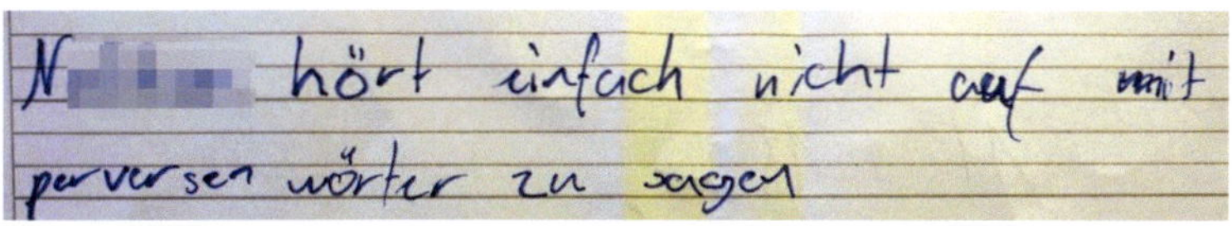
N[illegible] hört einfach nicht auf mit
perversen wörter zu sagen

L: N sollte aufhören. Er sollte die perversen Wörter nur jemandem sagen, der das lustig findet.

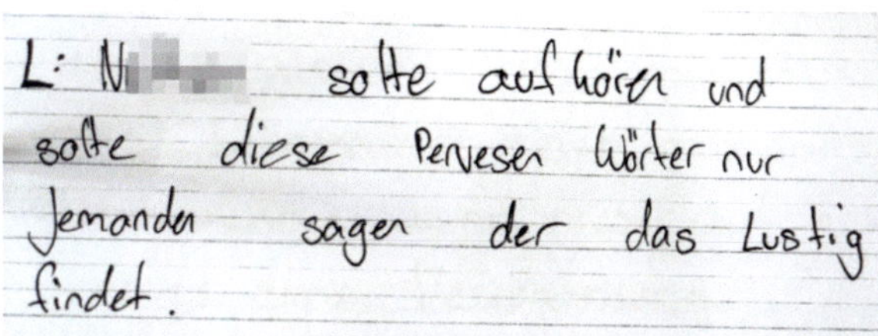
L: N[illegible] solte auf hören und
solte diese Pervesen Wörter nur
Jemanden sagen der das Lustig
findet.

18.1.

P1: N sagt immer noch perverse Wörter.

L: Die Wörter kommen auf die Schwarze Liste. Wenn er in der Schulstunde nochmal etwas sagt, bekommt er eine Ermahnung. Wenn er dann nicht aufhört, gibt es eine Verwarnung.

25.1.

P1: Es nervt mich, dass die Mädchen mich immer provozieren und sich als Engel sehen und so tun, als seien sie was Besseres. Sie tun so, als wäre es ganz schlimm, wenn ich einen lauten Ton von mir gebe.

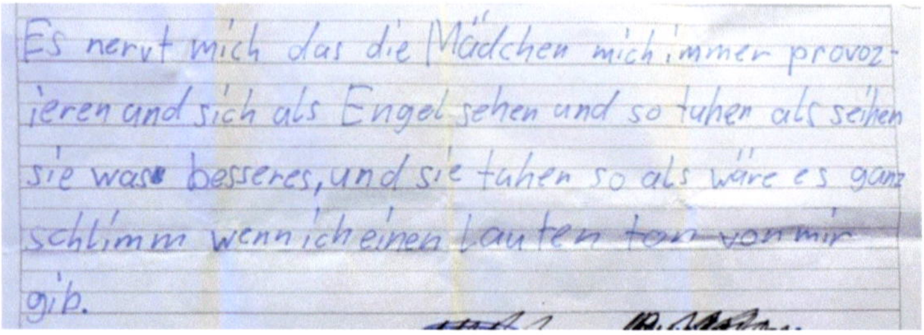
Es nervt mich das die Mädchen mich immer provoz-
ieren und sich als Engel sehen und so tuhen als seihen
sie was besseres, und sie tuhen so als wäre es ganz
schlimm wenn ich einen lauten ton von mir
gib.

L: Es ist gut.

P2: G hat mir heute in der Pause «Du hast eine Muschi» gesagt.

L: Wenn er pro Woche fünf solche Wörter sagt, muss er eine Begründung mit Elternunterschrift schreiben.

P3: G hat A1, H und A2 Nutte genannt. Auch hat er alle Lösungen vom Ordner abgeschrieben.

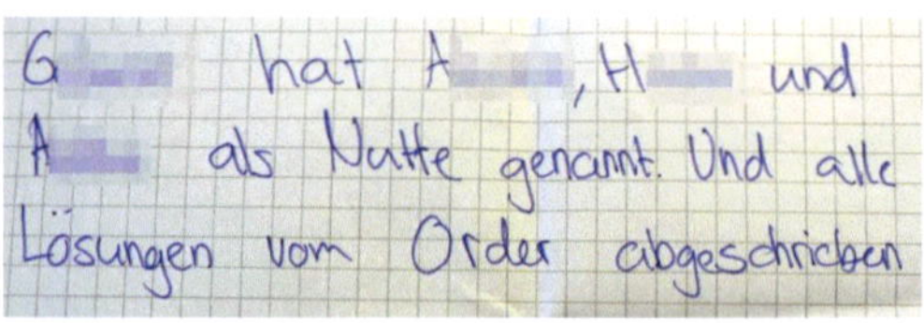
G[redacted] hat A[redacted], H[redacted] und
A[redacted] als Nutte genannt. Und alle
Lösungen vom Order abgeschrieben

L: Gleiche Lösung wie bei P2.

P4: N hat mich durch das ganze Schulzimmer verfolgt und mich geschlagen.

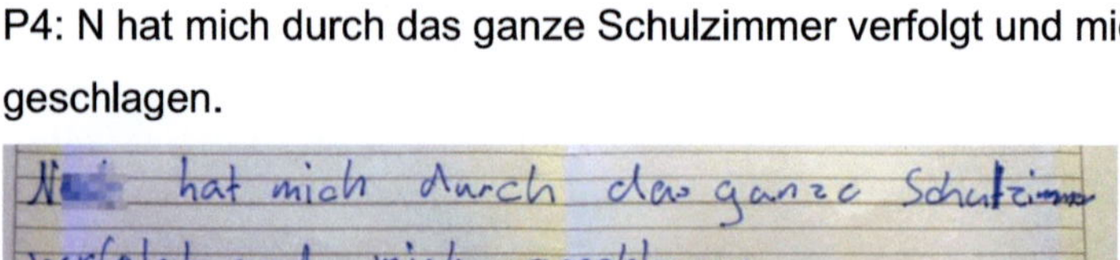
N[redacted] hat mich durch das ganze Schulzimmer
verfolgt und mich geschlagen

L: Sie klären es selbst.

1.2.

P1: Y hat in seinem Heft: «N1 the cracker» und zeigt es an N2 und A. N2 zerreisst mein Suddelblatt.

L: Sie sollen es selber klären.

P2: Am Freitag ist Y einfach weggegangen, als er putzen sollte sowie auch am Dienstag. Heute musste ich 10 Minuten länger bleiben, um zu wischen.

L: Es ist geklärt.

P3: Idee: Ich würde gerne eine Spendeaktion mit unserer Klasse machen, allerdings sollte (wenn wir überhaupt spenden) die Spendeaktion dem Regenwald oder Bienen zugutekommen. Man hilft den Menschen mehr, wenn man die Natur erhaltet, anstatt ihnen direkt Geld zu geben. Wie wir das Geld auftreiben, besprechen wir noch.

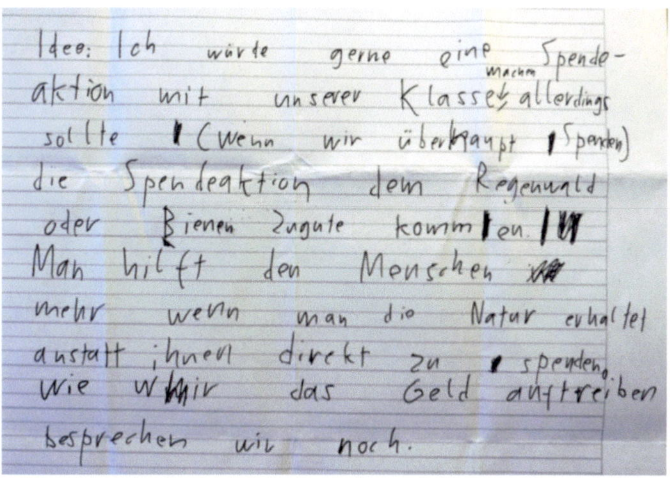
Idee: Ich würte gerne eine Spende- machen
aktion mit unserer Klasse allerdings
sollte (wenn wir überhaupt spenden)
die Spendeaktion dem Regenwald
oder Bienen zugute kommen.
Man hilft den Menschen
mehr wenn man die Natur erhaltet
anstatt ihnen direkt zu spenden.
Wie wir das Geld auftreiben
besprechen wir noch.

L: Man soll privat spenden.

P4: A redet mit mir immer über Sachen, die mich nicht interessieren und ich sage: «Geh bitte weg, es nervt.» Aber er hört nicht auf.

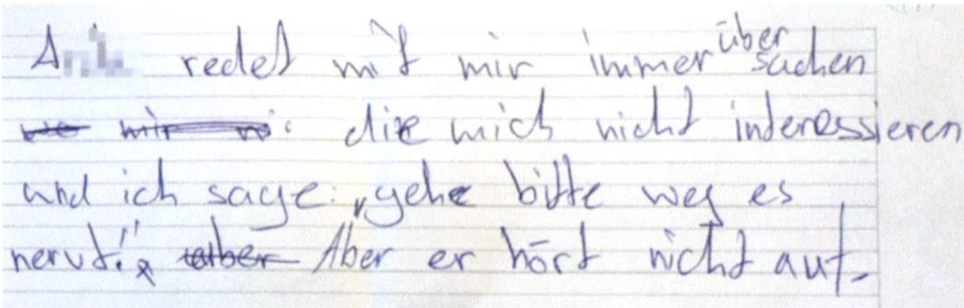
A redet mit mir immer über Sachen ~~wo wir~~ die mich nicht interessieren und ich sage: „gehe bitte weg es nervt!" ~~aber~~ Aber er hört nicht auf.

L: Eine Woche lang geht A nicht zu N.

P5: H sagt mir immer Fettsack. Und in der Franz-Lektion hat er gesagt: «Ja, G hat grosse Ohren.» Und im Turnen macht er einfach immer, was er will.

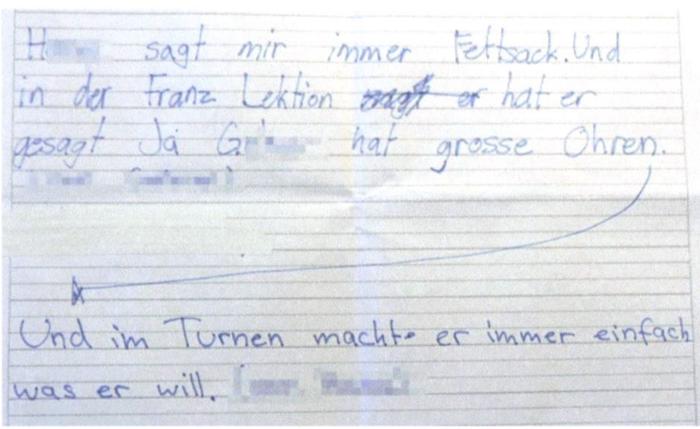
H sagt mir immer Fettsack. Und in der Franz Lektion ~~sagt er~~ hat er gesagt Ja G hat grosse Ohren.

Und im Turnen machte er immer einfach was er will.

L: H soll damit aufhören.

8.2.

P1: A hat mich grundlos getreten und danach extra geschubst.

L: Untereinander klären.

P2: Y schlägt uns mit einem Stock und einer Pet-Flasche. Auch klaut er mein Penyboard.

L: Wenn man «Hör auf!» sagt, sollte er aufhören. Ansonsten muss er einen Korken abgeben.

P3: Wunsch: Ich würde gerne eine Witzseite zum Thema «Schule» für die Schülerzeitung machen. Vielleicht wollen N1 und N2 auch mitmachen.

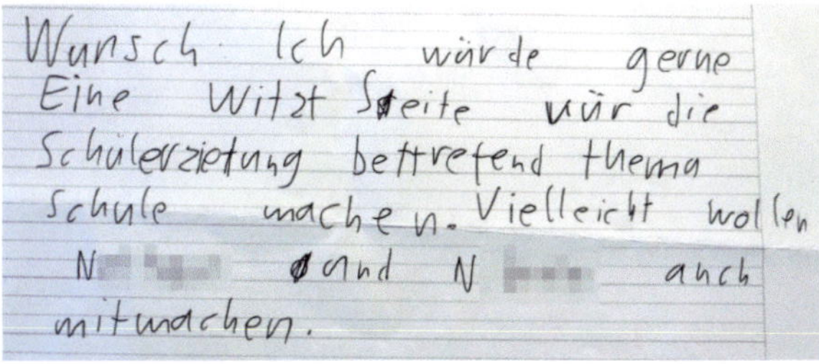
Wunsch Ich würde gerne
Eine Witzt S~~t~~eite vür die
Schülerzietung bettrefend thema
Schule machen. Vielleicht wollen
N[redacted] ~~ø~~und N[redacted] auch
mitwachen.

L: Nachher für Schülerrat.

P4: A1 und A2 nerven uns und beleidigen mich und G. Auch spielen sie unfair und fühlen sich wie die grössten. Sie motzen immer, wenn sie verlieren.

L: Wenn die Mädchen H sagen, er soll weggehen, soll er weggehen und umgekehrt. Wenn H uns Mädchen etwas sagen möchte, sollte er es uns ins Gesicht sagen.

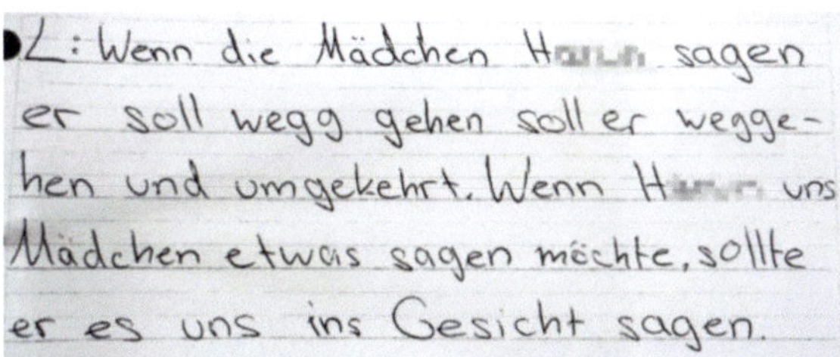
L: Wenn die Mädchen H[redacted] sagen
er soll wegg gehen soll er wegge-
hen und umgekehrt. Wenn H[redacted] uns
Mädchen etwas sagen möchte, sollte
er es uns ins Gesicht sagen.

P5: H und G haben immer genervt als wir Fünfzehn Vierzehn[17] gespielt haben. Das nervt alle!

---

[17] Beim Spiel *Fünfzehn Vierzehn* wird zuerst ein Mitspieler bestimmt, welcher Fänger ist. Dieser zählt von 15 auf 0 runter. Unterdessen verstecken sich alle anderen Teilnehmenden. Ist der Fänger bei 0 angekommen, darf er die Augen öffnen und drei Schritte machen. Alle Teilnehmenden, die er dabei sieht und mit Namen ruft, scheiden aus. Findet der Fänger keine Mitspielenden mehr, schliesst er wieder seine Augen und zählt von 14 auf 0 runter. Während dieser Zeit müssen alle Mitspielenden aus ihrem Versteck kommen und beim Fänger abklatschen, bevor sie sich wieder verstecken. Falls sie nicht abklatschen, scheiden sie aus. Der Fänger darf anschliessend wieder drei Schritte machen und die Mitspielenden suchen. Bei der nächsten Runde zählt er nur

L: Gleicher Lösungsansatz wie vorher (P4).

15.2.

P1: N und Y schauen die ganze Zeit auf unseren Quiz. Sie lesen die Fragen und lachen dann noch.

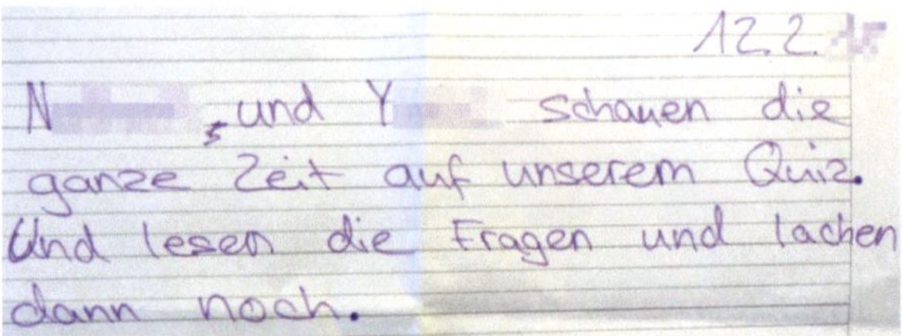
12.2. [redacted]
N[redacted], und Y[redacted] schauen die
ganze Zeit auf unserem Quiz.
Und lesen die Fragen und lachen
dann noch.

L: Untereinander klären.

P2: Wenn wir Fünfzehn Vierzehn spielen, sind die anderen nicht achtsam. Sie schupsen uns zur Seite, sodass wir umfallen.

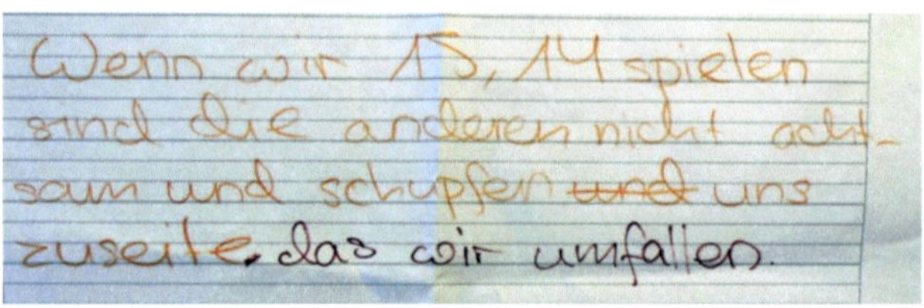
Wenn wir 15, 14 spielen
sind die anderen nicht acht-
saum und schupfen ~~und~~ uns
zuseite, das wir umfallen.

L: Ungültig.

22.2.

P1: Was spricht für respektive gegen das neue Hausaufgabensystem?

L: Wir behalten das Whiteboard.

P2: N sagt mir immer Spitznamen und das nervt.

L: Wenn die betroffene Person den Spitznamen okay findet, darf man sie so nennen.

---

noch von 13 auf 0. Das Ganze wiederholt sich so lange, bis alle gefunden sind. Falls das Spiel nochmals durchgeführt wird, zählt nun jener Mitspieler, welcher als erster gefunden wurde. (www.jubla.ch)

15.3.

P1: H hat mein Matheheft bemalt und klaut immer Sachen von mir.

L: Untereinander klären.

P2: In unserer Klasse spielen fast alle das Spiel, wenn man in das Loch schaut, darf der andere ihm auf die Schulter schlagen. Ich habe diesen Brief geschrieben, weil ich bei Frau S gespielt habe und deswegen eine Begründung schreiben musste.

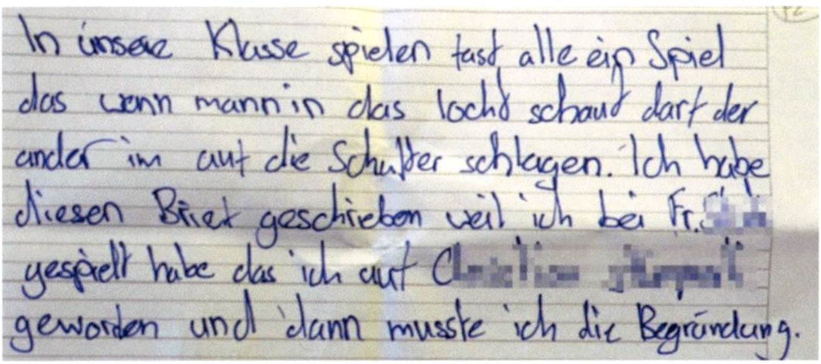
In unsere Klasse spielen fast alle ein Spiel das wenn mann in das lochd schaud darf der ander im auf die Schulter schlagen. Ich habe diesen Brief geschrieben weil ich bei Fr. [redacted] gespielt habe das ich auf [redacted] geworden und dann musste ich die Begründung.

L: Mit dem Löchlispiel aufhören.

22.3.

P: Y hat mich mit einem Schild geschlagen. Am Hals bin ich jetzt rot, habe einen Ausschlag.

L: Nicht mehr schlagen. Wenn es jemandem wehtut, bekommt man eine Rote Karte, je nach Verletzung.

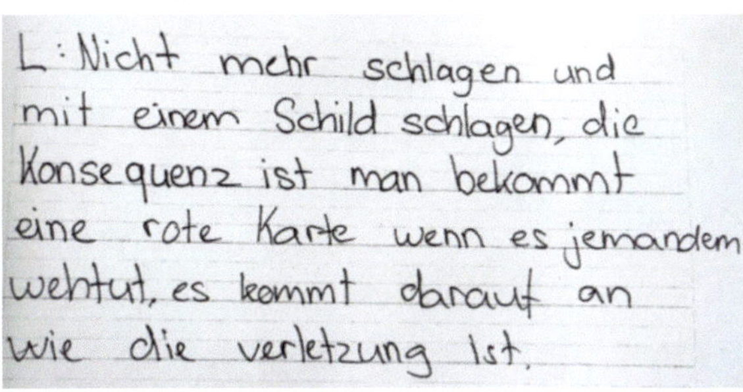
L: Nicht mehr schlagen und mit einem Schild schlagen, die Konsequenz ist man bekommt eine rote Karte wenn es jemandem wehtut, es kommt darauf an wie die verletzung ist.

5.4.

P: N sitzt auf meinen Stuhl und geht nicht weg. Auch hat er mir ein Stück Birne aus der Hand geschlagen.

L: Man muss fragen, ob man auf den fremden Stuhl sitzen darf. Wenn man nicht darf und trotzdem draufsitzt, bekommt man eine Ermahnung. Wenn es nochmals passiert, bekommt man eine Verwarnung.

12.4.

P: N sagt immer unnötige Wörter wie «Ich steck dir öppis» und das nervt.

L: Wenn man in der Garderobe perverse Wörter sagt, die nicht auf der Schwarzen Liste sind, dann kommen sie auf diese.

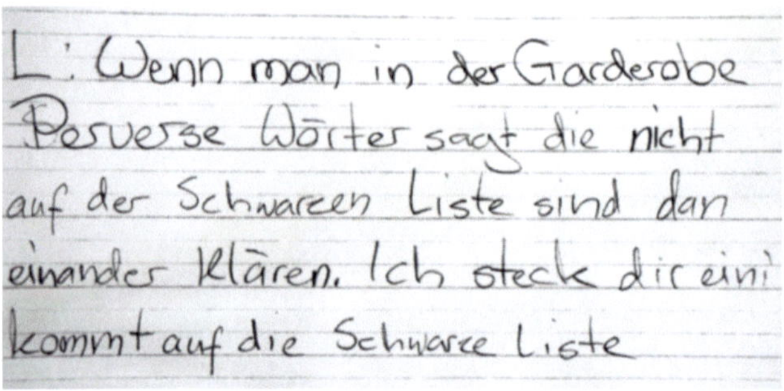

L: Wenn man in der Garderobe
Perverse Wörter sagt die nicht
auf der Schwarzen Liste sind dan
einander klären. Ich steck dir eini
kommt auf die Schwarze Liste

19.4.

P: Jemand hat mir am Freitag morgen die Paninikarten geklaut. Es waren über 30 Kärtchen.

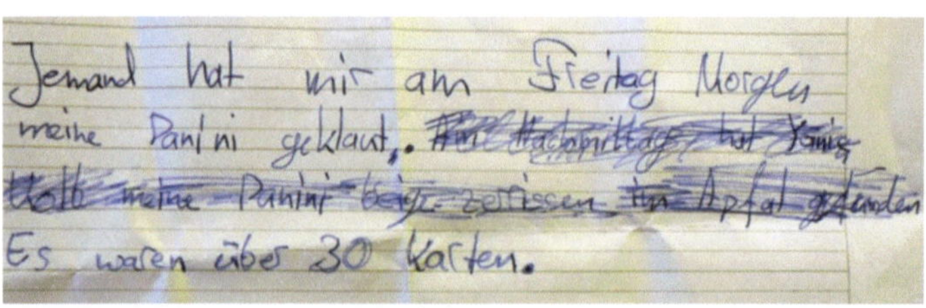

Jemand hat mir am Freitag Morgen
meine Panini geklaut. ~~[illegible]~~
Es waren über 30 Karten.

L: Test: Wir tun öffentlich Karten in eine Jackentasche. Der, welcher dann zuschlägt, der ist vielleicht der Dieb.

24.5.

P: Was machen wir am Abend im Klassenlager?

L: Jasskarten, 15-14, Monopoly, Quiz, Leiterlispiel, Shopping Queen, Eile mit Weile, Schach, Malefiz, Filme; Coco und Karate Kid.

7.6.

P1: Was machen wir am Abschlussabend?

L: Thema Free MkM, Deko, Essen; Chips und Salzstängeli

P2: Was wollen wir am «offenen Abend» machen?

L: Spiele; Man kann machen, was man will!

10.9.

P: N beleidigt uns und sagt perverse Wörter.

L: Wenn N perverse Wörter sagt, muss man es der Lehrperson sagen und dann bekommt er entweder eine Rote Karte oder eine Verwarnung und das Wort/die Wörter kommt/kommen auf die Schwarze Liste.

19.9.

P1: Lieber Klassenrat. Wir dürfen nicht mit den 6. Klässlern Wandab spielen, nur sehr selten. Die 4. Klässler.

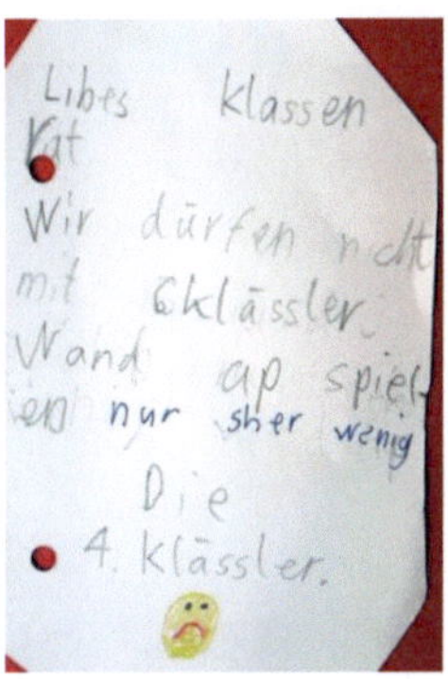

L: Der, welcher den Ball hat, darf entscheiden, wer mitspielt.

P2: Jemand hat mir Leim auf den Stuhl geschmiert.
L: Der, der das gemacht hat, sollte eine Entschuldigung schreiben.

P3: Soll die Schlussrede der 6. KlässlerInnen am letzten Schultag beibehalten werden?

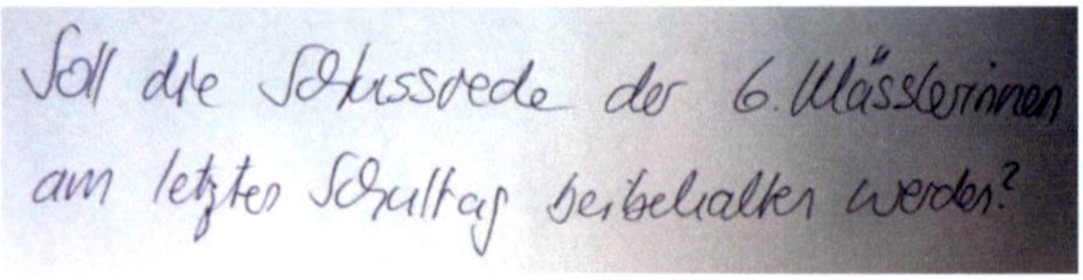
Soll die Schlussrede der 6. Klässlerinnen am letzten Schultag beibehalten werden?

L: Ja.

P4: Soll das Abschlussfest am Ende des Schuljahres wiederum durchgeführt werden?
L: Ja.

22.10.

P: N schlägt uns in der Pause und hält uns fest. Wir sagen ihm, er soll aufhören, aber er macht weiter. Er hat mir auf den Po geschlagen.

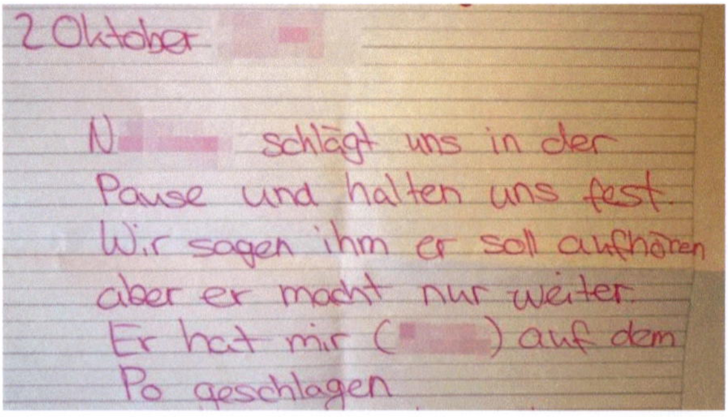
2 Oktober

N schlägt uns in der Pause und halten uns fest. Wir sagen ihm er soll aufhören aber er macht nur weiter. Er hat mir ( ) auf dem Po geschlagen

L: N muss sich entschuldigen.

29.10.

P1: Am Dienstag mussten wir Gruppen machen, da wollten wir etwas sagen, und A hat die ganze Zeit dreingeredet.

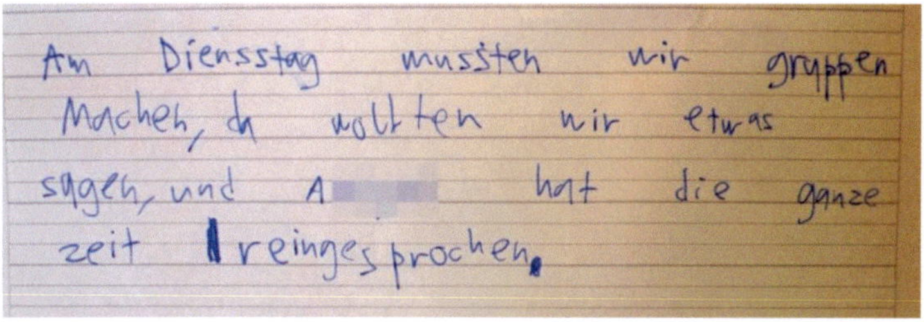
Am Diensstag mussten wir gruppen
Machen, da wollten wir etwas
sagen, und A hat die ganze
zeit reingesprochen.

L: Die Klassenvertretung sagt es der Lehrerin und derjenige oder diejenige muss reingehen.

P2: In der NMG-Stunde sagt D die ganze Zeit «gäll O, gäll H», und das nervt.

L: D und H entschuldigen sich gegenseitig. Wenn das nochmal passiert, sagen sie es der Lehrperson und die entscheidet dann.

5.11.

P: N klaut mir die ganze Zeit die Kappe. Von D.

L: Wenn N wieder die Kappe klaut, muss derjenige es sagen. Beim 1. Mal bekommt er eine Ermahnung, beim 2. Mal eine Verwarnung.

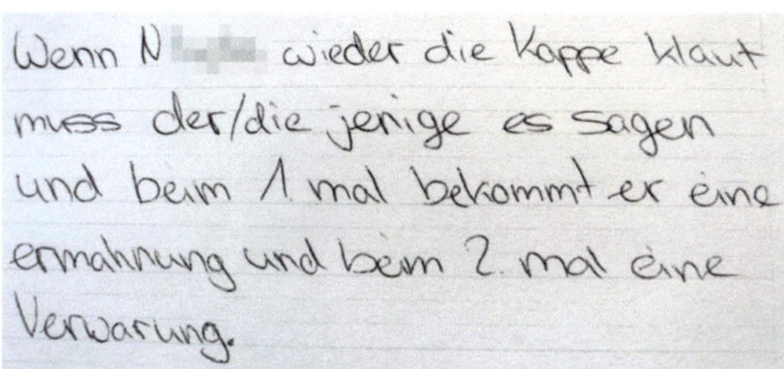
Wenn N wieder die Kappe klaut
muss der/die jenige es sagen
und beim 1. mal bekommt er eine
ermahnung und beim 2. mal eine
Verwarung.

12.11.

P1: Was wollt ihr am Abschlussmorgen, am 21.12. machen?

L: Frühstück und Film von 13 Kindern gewählt, 2 Lektionen Turnen von 19 Kindern.

P2: M verstellt die Stimme und dann sagt er Sachen wie «Babab» und das nervt.

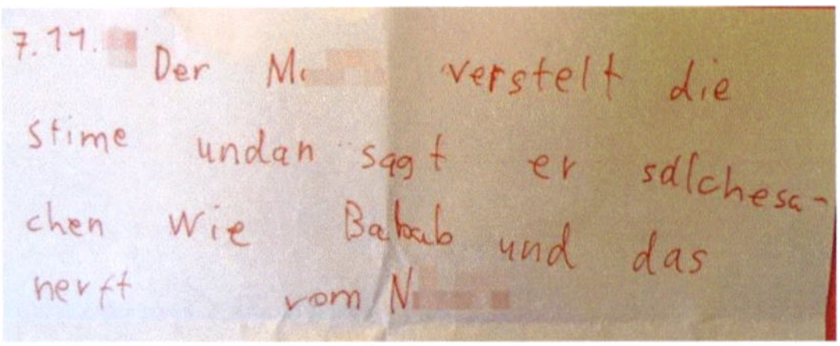
7.11. [redacted] Der M[redacted] verstelt die
stime undan sagt er sdlchesa-
chen wie Babab und das
nerft vom N[redacted]

L: Wenn M Geräusche macht, dann sagt es N der Lehrperson.

P3: Wer organisiert das Wichteln?

L: Die Jungs. Zettelchen organisieren.

19.11.

P1: M macht komische Geräusche.

L: N soll aufhören, M Aufmerksamkeit zu schenken.

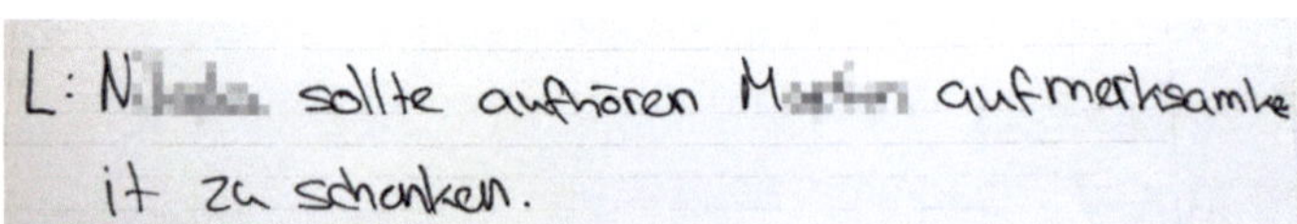
L: N[redacted] sollte aufhören M[redacted] aufmerksamke
it zu schenken.

P2: N1 sagt, ich wäre ein Mädchen.

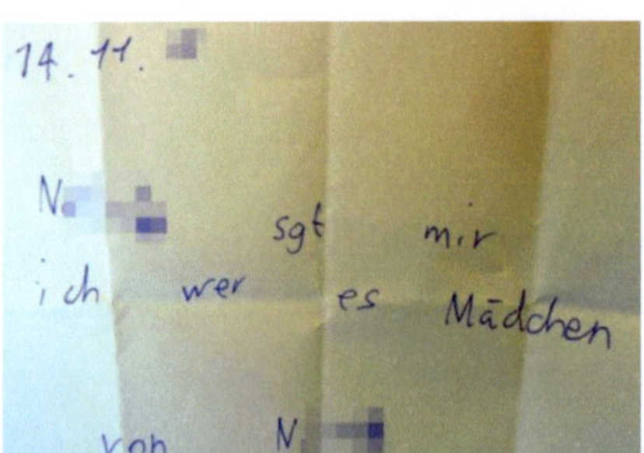
14.11. [redacted]
N[redacted] sgt mir
ich wer es Mädchen
von N[redacted]

L: N1 soll aufhören. Wenn N2 beleidigt ist, kommt diese Aussage auf die Schwarze Liste.

P3: N1 hat mich angemalt. Er nervt mich immer und ich kann dann nicht arbeiten.

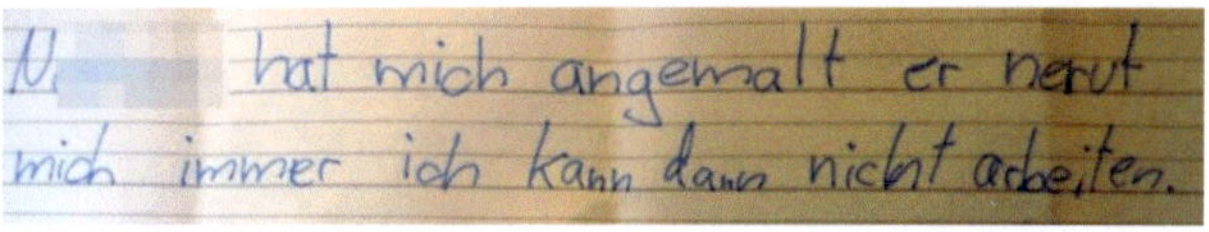

L: Wenn er N2 wieder anmalt, bekommt er eine Verwarnung.

P4: N nervt L, weil er Spitznamen erfindet und diese ihr sagt.
L: Wenn N nervt, bekommt er beim 1. Mal eine Ermahnung und beim 2. Mal eine Verwarnung.

P5: N hat H gegen die Tür geschupft und das tat weh.
L: Wenn jemand jemanden schlägt, bekommt er eine Verwarnung. Wenn es ernst ist, bekommt derjenige eine Rote Karte.

3.12.

P1: M und N bringen die Leute immer soweit, bis sie komplett genervt sind. Wir möchten eine bessere Laune in der Klasse.

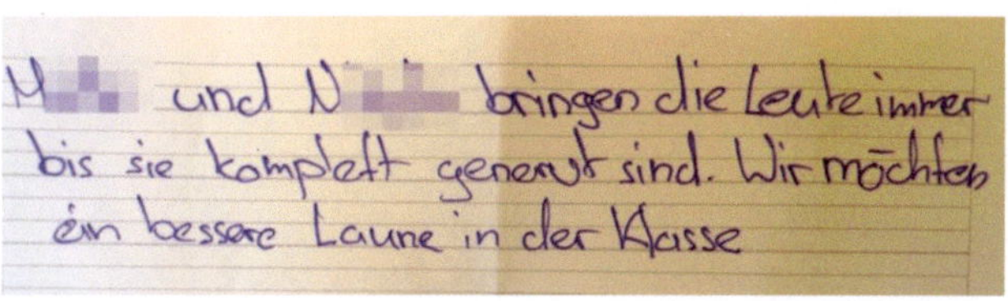

L: Beim 1. Mal eine Ermahnung, beim 2. Mal eine Verwarnung.

P2: Von B und N. Jemand hat unsere Finken weggeworfen.
L: Der das war, legt ein Zettelchen in den Thek und schreibt eine Entschuldigung.

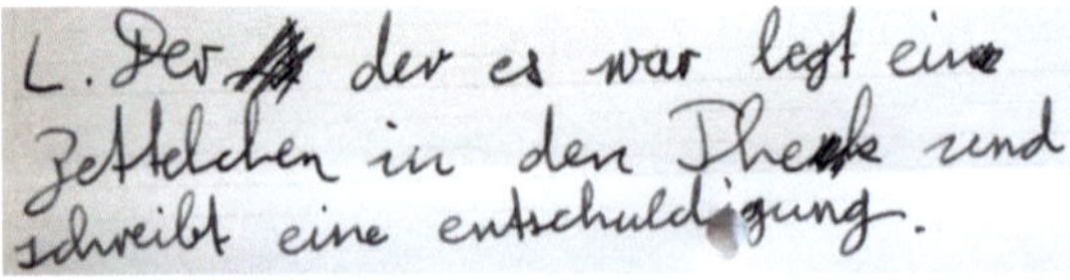
L. Der der es war legt eine Zettelchen in den Theke und schreibt eine entschuldigung.

10.12.

P1: Wir haben Fangis gespielt. N war Fänger. Er hat mich auf den Boden geschupst und mich geschlagen. Wegen ihm habe ich meine Finger zerquetscht. Das hat sehr weh gemacht.

L: N sollte sich einfach entschuldigen.

P2: N kickt mich fast jede Pause 3-10 Mal. Überall, ich habe immer grössere Schmerzen am Fuss, an der Hand, am Finger und Rücken.

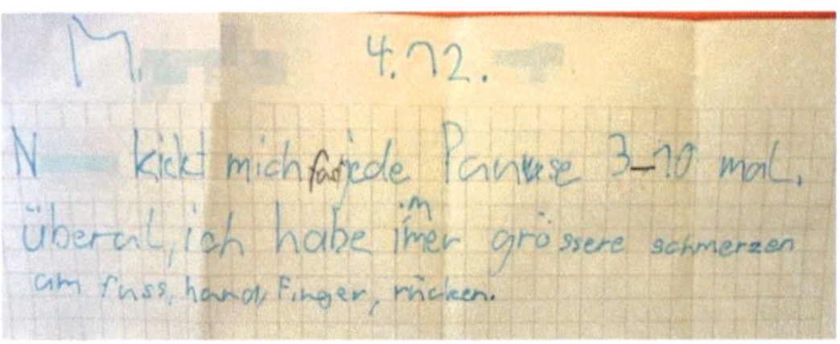
M 4.12.

N kickt mich fast jede Pause 3-10 mal, überal, ich habe immer grössere schmerzen am fuss, hand, Finger, rücken.

L: Wenn N M kickt, bekommt er eine Verwarnung (gilt für alle).

P3: Am Dienstag hat N1 uns den Mittelfinger gezeigt.

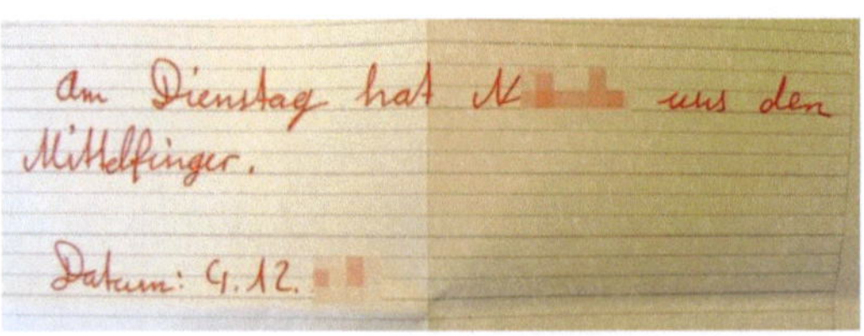
Am Dienstag hat N uns den Mittelfinger.

Datum: 4.12.

L: Der Mittelfinger kommt auf die Schwarze Liste und N1 muss sich bei E und N2 entschuldigen.

P4: H hat an Frau S gesagt, dass wir geredet hätten. Wir haben schon geredet, aber nicht so laut wie sie.

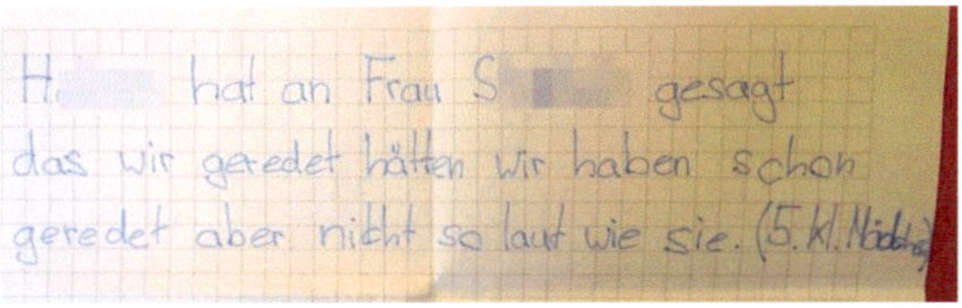

H[redacted] hat an Frau S[redacted] gesagt
das wir geredet hätten wir haben schon
geredet aber nicht so laut wie sie. (5. Kl. Mädch

L: Es sollte immer ein Mädchen neben einem Knaben sitzen.

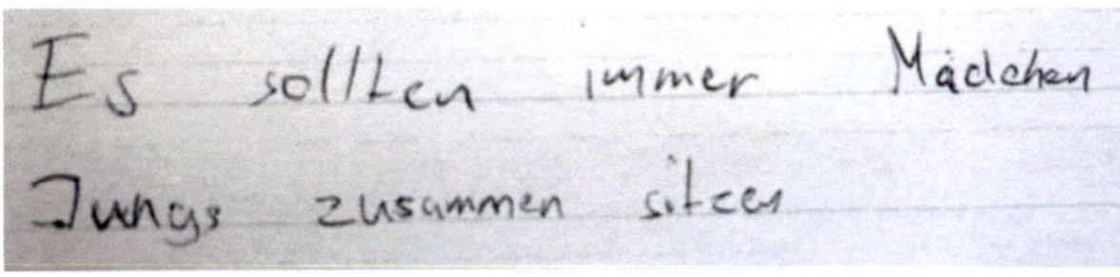

Es sollten immer Mädchen
Jungs zusammen sitcen

7.1.

P1: Jemand hat mehrmals mein Hemd angemalt. Es war mit einem Stabilo.

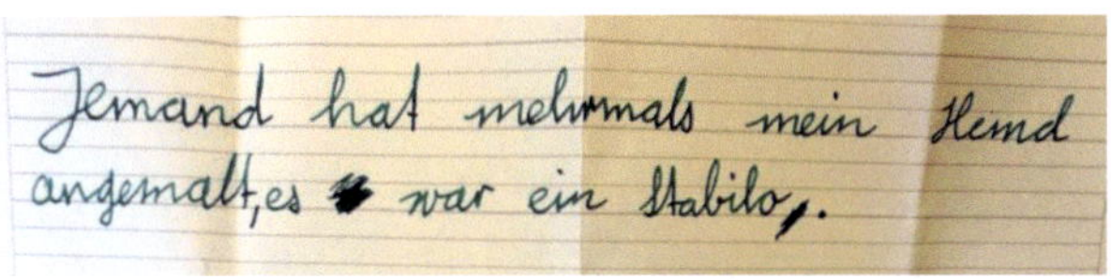

Jemand hat mehrmals mein Hemd
angemalt, es war ein Stabilo.

L: Wenn man sich nicht sicher ist, anonym entschuldigen. Wenn man es weiss, einen Korken. Wenn man das Hemd nicht mehr gebrauchen kann, muss man es bezahlen.

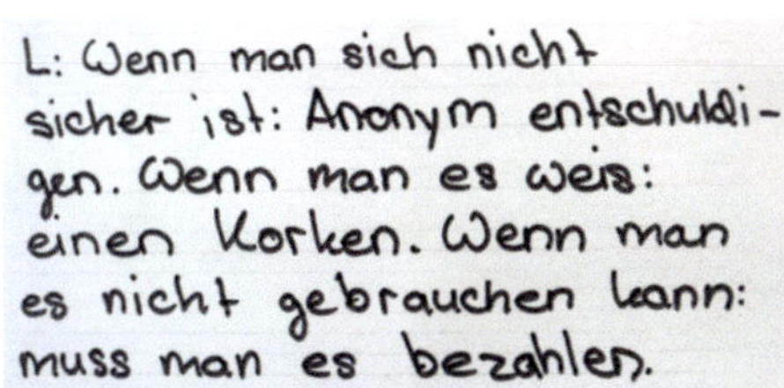

L: Wenn man sich nicht
sicher ist: Anonym entschuldi-
gen. Wenn man es weiß:
einen Korken. Wenn man
es nicht gebrauchen kann:
muss man es bezahlen.

P2: N1 und N2 beleidigen mich.

L: Beide müssen Entschuldigung sagen und einen Korken abgeben.

P3: N1 und N2 schlagen uns auf den Po. P. S. Das ist respektlos.

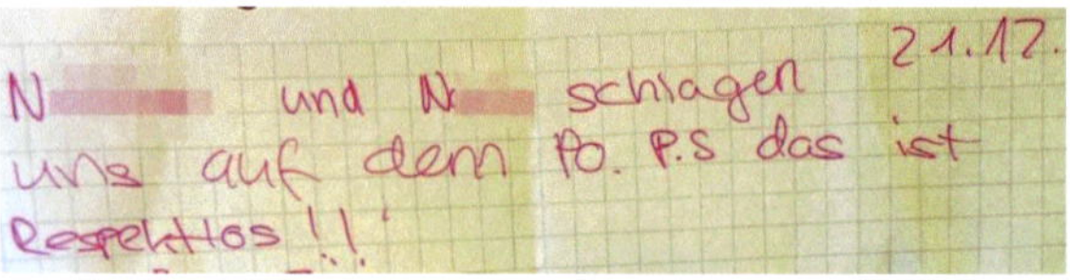

L: N1 muss eine schriftliche Begründung machen mit Elternunterschrift. N2 muss das gleiche machen, aber ohne Elternunterschrift.

P4: Schülerrat: Was wollen wir während des Abschlussballs machen?
L: DSDS, Postenlauf (-spiele), Wer bin ich?, Musik (durchgehend).

21.1.

P: Wer entsorgt das Altpapier?

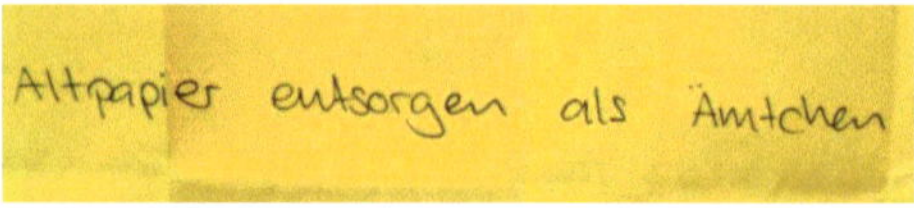

L: Diejenige Person, die die Pflanzen giesst, muss das Altpapier entsorgen.

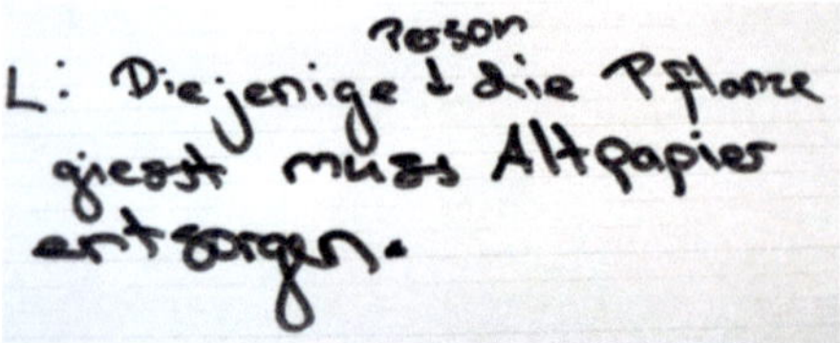

[Ein Amt des Ämterplanes ist «Pflanzen giessen».]

28.1.

P1: Wir möchten gerne ein Theater machen. (ganze Klasse)

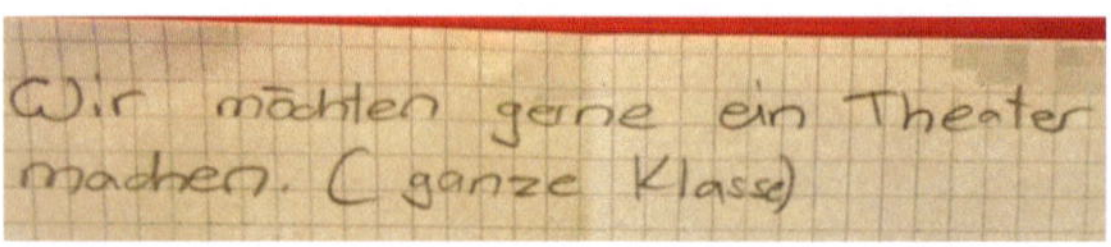

L: Wir machen ein Musical mit verschiedenen Liedern und Stunts.

L: Wir machen ein Musical mit verschiedenen Liedern und Stunts.

P2: N sagt albanische Beleidigungen. Das nervt. Und er sagt auch «Leck du mir mal...».

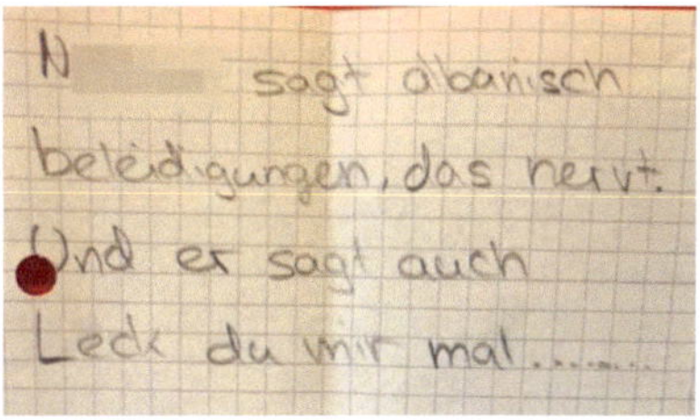
N sagt albanisch beleidigungen, das nervt. Und er sagt auch Leck du mir mal......

L: Albanische Beleidigungen kommen auf die Schwarze Liste.

18.2.

P1: Was wollen wir am Mittwoch in der Turnstunde machen?

L: Wir machen Freiturnen.

P2: Könnten wir mal eine Wanderung machen, z. B. nach Schaffhausen oder nach Luzern?

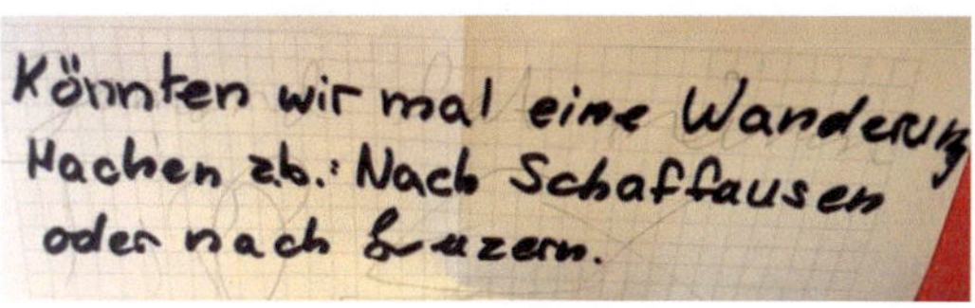
Könnten wir mal eine Wanderung Machen zb.: Nach Schaffausen oder nach Luzern.

L: Wir gehen zum Bundeshaus.

L: Wir gehen zum Bundeshaus.

11.3.

P1: Sollten wir eine Überraschung für Frau H machen zum Abschied vor den Sommerferien?

L: Plakat und Tasse.

P2: Ein paar Kinder werfen immer meinen Schülerthek herum!
L: Selber klären.

1.4.

P1: Wollen wir das Wort «Halt die Fresse» von der Schwarzen Liste wegnehmen?

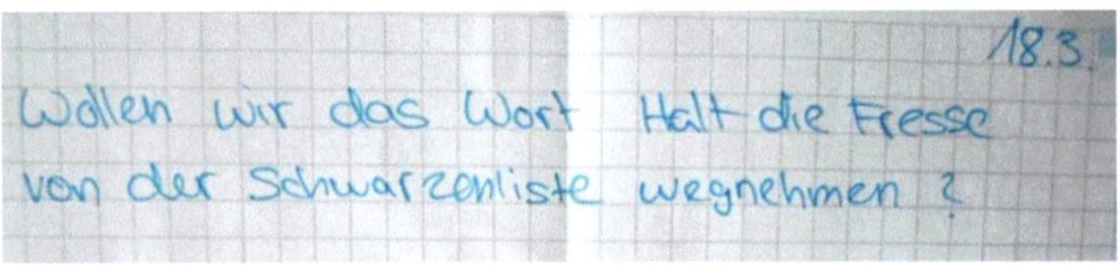
18.3.
Wollen wir das Wort Halt die Fresse von der Schwarzenliste wegnehmen ?

L: Für «Halt die Fresse» kriegt man einen Korken weg.

P2: M gibt immer noch den meisten Jungs einen Nackenklatscher.

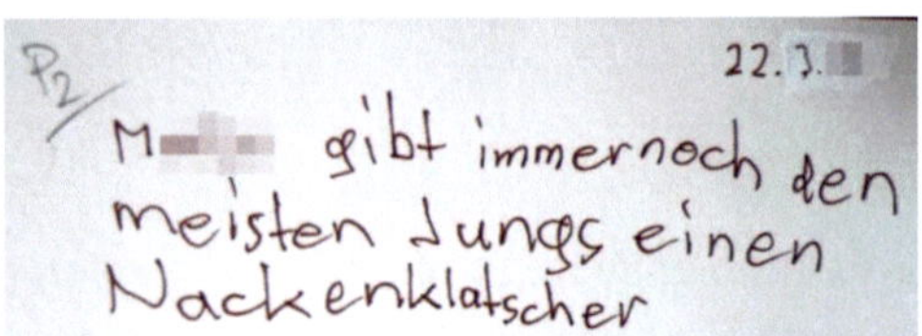
P2
22.3.
M[redacted] gibt immernoch den meisten Jungs einen Nackenklatscher

L: Man bespricht es unter einander und wenn es ganz schlimm ist, geht man zur Lehrperson.

P3: Die 4. Klässler Knaben sind zu laut, wir können uns nicht mehr konzentrieren.
L: Wenn man zu laut ist, kriegt man eine Verwarnung.

15.4.

P: N1, B, N2, M1. M2 und D waren zu laut nach der Pause am Mittwoch. Sie haben sich gegenseitig geschlagen und herumgeschrien.

L: Wer schlägt, muss einen Korken abgeben und wenn es fest weh tut, kriegt er oder sie eine Rote Karte.

13.5.

P1: Was sollen wir für die Schülerzeitung machen?

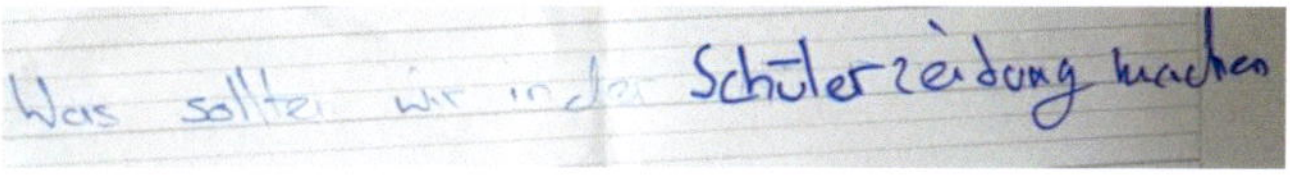

Was sollten wir in der Schülerzeitung machen

L: Witze (Y, N1, N2, B) und Life Hacks (N, H, M).

[Die Schülerzeitung erscheint zwei Mal im Schuljahr.]

P2: Meine Finken waren, als ich sie holen wollte, im Mülleimer. Ich habe O gefragt und sie sagte, es wäre N gewesen.

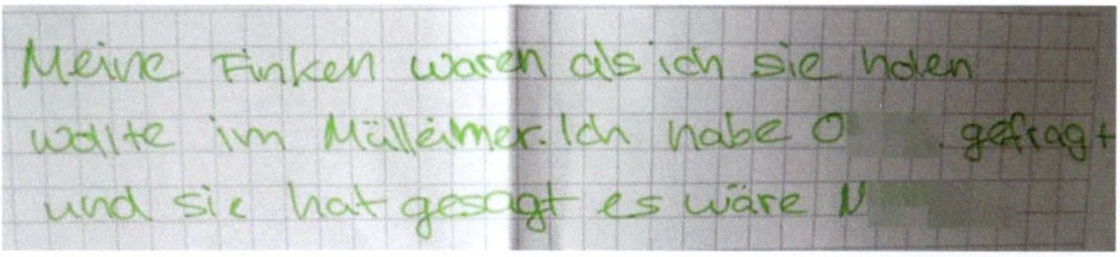

Meine Finken waren als ich sie holen wollte im Mülleimer. Ich habe O gefragt und sie hat gesagt es wäre N

L: Wenn man sich sicher ist, wer den persönlichen Gegenstand genommen hat, soll man zur Lehrperson gehen und sagen, wer es gemacht hat. Diese Person bekommt eine Verwarnung.

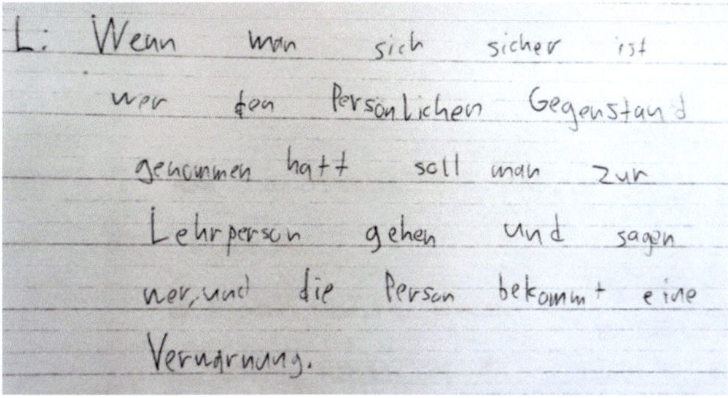

L: Wenn man sich sicher ist wer den Persönlichen Gegenstand genommen hatt soll man zur Lehrperson gehen und sagen wer, und die Person bekommt eine Verwarnung.

6.6.

P: Was ist mit Frau Hs Abschlussgeschenk?

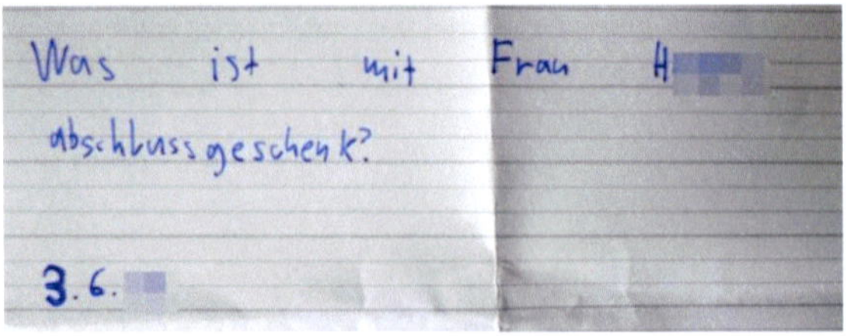
Was ist mit Frau H[redacted]
abschluss geschenk?
3.6.[redacted]

L: N1 kauft ein T-Shirt. Blumen kauft N2. Das Plakat machen wir selber in der Schule.

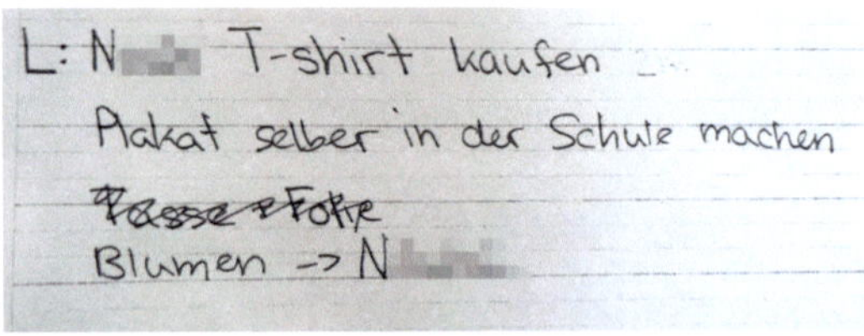
L: N[redacted] T-shirt kaufen ...
Plakat selber in der Schule machen
~~Tasse Fotie~~
Blumen -> N[redacted]

17.6.

P1: N nervt uns und möchte uns berühren. Wenn wir ihm sagen, er soll uns nicht berühren, macht er es trotzdem.

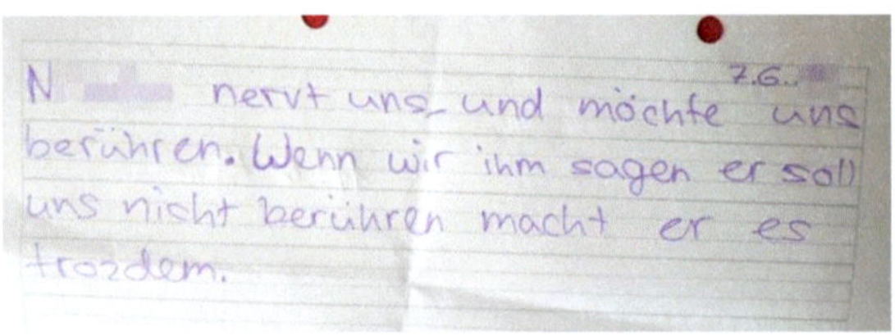
7.6.[redacted]
N[redacted] nervt uns und möchte uns
berühren. Wenn wir ihm sagen er soll
uns nicht berühren macht er es
trozdem.

L: Man muss einen Korken abgeben, wenn man eine Person berührt, die das nicht will.

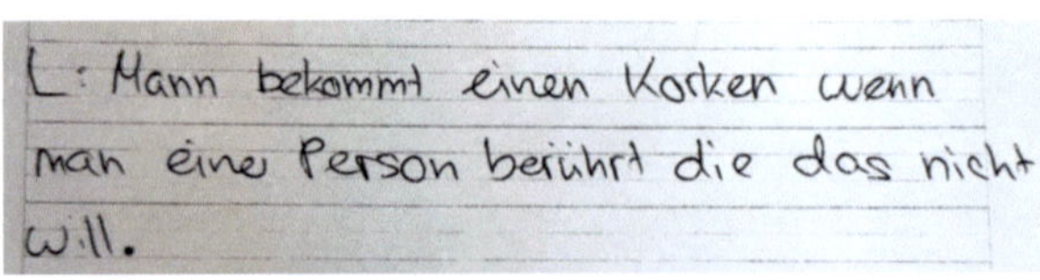
L: Mann bekommt einen Korken wenn
man eine Person berührt die das nicht
will.

P2: N hat mir einen ganz festen Nackenklatscher gegeben, obwohl ich nichts tat.

L: Beim ersten Mal kriegt man eine Ermahnung, beim zweiten Mal eine Verwarnung.

Schülergedanken zum Klassenrat

Die am Klassenrat beteiligten Schülerinnen und Schüler beschreiben den Klassenrat folgendermassen:

A: «Ein Klassenrat ist, wenn eine Klasse Probleme oder Wünsche bespricht und Lösungen für diese sammelt. Im Klassenrat hat man ein Heft und in dieses schreibt man die Probleme und Lösungen auf. Wenn eine Person spricht oder den Ball hat, dann sind alle anderen ruhig und hören zu.»

D: Der Klassenrat ist dafür da, um Ideen, Probleme usw. zu besprechen.

X: Beim Klassenrat dürfen Schüler und Schülerinnen Probleme auf ein Blatt Papier schreiben und es danach in die Klassenratbox legen. In der NMG [Natur, Mensch, Gesellschaft] Stunde besprechen wir die Probleme und suchen Lösungen. Nach einer Woche schauen wir, ob es besser wurde. Wenn nicht, suchen wir neue Lösungen.

O: Der Klassenrat ist ein Rat, in dem man Probleme bespricht und Lösungen für die Probleme sucht innerhalb der Klasse.

L: Im Klassenrat kann man sagen, wenn man ein Problem hat. Dann kann man dieses Problem in der Klasse besprechen. Das, was besprochen wird, muss in einem Brief stehen und dieser muss in die Box geworfen werden.

Y: Der Klassenrat ist ein Zusammensitzen in der Klasse, indem man Probleme von Schülern und Lehrpersonen bespricht.

E: Im Klassenrat besprechen wir Probleme. Wenn man ein Problem hat, schreibt man einen Brief. Den Brief tut man in die Box. Wir besprechen dann die Probleme am Montag. Wir machen einen Halbkreis, damit wir alle uns gegenseitig sehen. Jemand ist dann Moderator/in.

A: Ich finde es toll, wenn der/die Moderierende sagt, man soll leise sein, wenn jemand laut ist.

D: Beim Klassenrat besprechen wir Probleme. Das finde ich gut, weil manche auf die Idee kommen, sich zu prügeln.

X: Man kann seine Probleme schnell und einfach lösen. Man wird irgendwie mutiger. Also bei mir ist das so.

N1: Man kann Streit lösen.

O: Der Klassenrat sorgt für eine bessere Klasse und weniger Streit und Probleme.

N2: Ich finde gut, dass wir sagen, was gut war in der vergangenen Woche. [Damit ist die Positivrunde zu Beginn des Klassenrates gemeint.] Auch finde ich gut, dass wir Lösungsansätze sagen dürfen.

N3: Ich finde es gut, dass man Briefe schreiben kann, wenn jemand stört, und diesen dann in die Box hineinwerfen kann. Auch gut finde ich, dass man das mit der ganzen Klasse bespricht und alle mithelfen, einen Lösungsansatz zu finden.

L: Der Klassenrat ist gut, wenn man zum Beispiel nicht weiss, wohin man auf die Schulreise gehen will oder man gemobbt wird.

Y: Man kann zusammen eine Lösung finden und wird zum Denken angeregt.

E: Wir besprechen die Probleme zusammen. Wir reden miteinander. Wir suchen gemeinsam eine Lösung.

A: Manchmal steht in einem Brief von einer anderen Person das gleiche Problem, obwohl man für dieses bereits einen Lösungsansatz besprochen hat.

D: Manche schreiben unnötige und zeitverschwendende Briefe.

X: Manchmal ist es zu laut und darum verstehe ich nicht, was die anderen sagen.

N1: Wir nutzen fast immer die gleichen Lösungsvorschläge. Wenn man einen neuen Vorschlag macht, stimmen sie für den alten Lösungsansatz.

O: Der Klassenrat nimmt uns eine NMG Lektion weg. Aber wir müssen es ja in einer Lektion machen.

N2: Ich finde nicht gut, dass wir manchmal sagen, könnt ihr es nicht selber untereinander klären, weil es nicht in die Mittelstufe gehört. Auch finde ich nicht gut, dass wir die Regeln jedes Mal runterlesen.

N3: Es gibt aber auch negative Aspekte, wie z. B. löst es manchmal Streit aus und das beschädigt das Klassenklima. Ganz schlecht finde ich aber, dass wenn man jemandem schaden will, dass man das absprechen könnte und gezielt mit, sagen wir mal zu zwölft auf einen «losgehen» und schlimme Sachen sagen. Und wenn jemand besser argumentieren und sich sehr gut «wehren» kann, kann er jemanden vielleicht einschüchtern. Dieser kann dann nicht mehr richtig reden und sagt vielleicht sogar Falsches.

L: Im Klassenrat werden häufig Sachen geregelt, die man locker alleine regeln kann, wie z. B. dass jemand einen anderen beleidigt hat.

Y: Es kommt leider sehr oft vor, dass wir ein ähnliches Traktandum haben, das wir schon besprochen haben.

E: Es ist manchmal sehr laut. Ein paar Schüler und Schülerinnen melden sich nie zu Wort.

A: Man sollte besser zuhören. Wenn es einem selber passiert, dann den Lösungsweg benutzen, der bereits abgemacht worden ist.

O: Ich habe keine richtigen Verbesserungsvorschläge. Aber man könnte zur Abwechslung den Klassenrat in einer anderen Lektion machen.

N: Wir müssen alles besprechen, was in den Klassenrat kommt. Wir könnten jedes zweite Mal die Regeln vorlesen.

D: Für den Klassenrat könnte man weniger unnötige Sachen schreiben und besser wichtigere Sachen.

Y: Wenn man ein Traktandum hat, immer zuerst schauen, ob es mal was Ähnliches gab. Wenn ja, nehmen wir diesen Lösungsansatz.

E: Dass jeder einmal vorne sitzen und moderieren muss. Wenn es zu laut ist, müssen sie sagen, es sollte leiser sein.

Nachwort

Zu Beginn eines Schuljahres muss der Klassenrat öfters durchgeführt werden, da sich die Klasse erst finden muss, handelt es sich bei einer Schulklasse doch um eine formelle Gruppe, die nicht freiwillig, sondern zwangsweise zusammen ist. Die Gruppendynamik verändert sich auch wieder, wenn ein neuer Schüler, eine neue Schülerin in die Klasse kommt, was auf Primarschulebene nicht selten vorkommt. Dann müssen wieder vermehrt Traktanden im Klassenrat bearbeitet werden.

Die Schülerinnen und Schüler lernen, sich verständlich auszudrücken, Konflikte auf verbaler Ebene auszutragen. Das gemeinsame Sprechen über die lebendig empfundenen Problemstellungen trägt zum sozialen Lernen bei. Nicht das Recht des Stärkeren zählt, sondern das Recht des besseren Argumentes. Auch nicht direkt an der Auseinandersetzung Beteiligte suchen nach Lösungen für den jeweiligen Fall. Dafür begeben sie sich auf eine Metaebene, betrachten den Fall von oben respektive aussen und können so eine bestmögliche neutrale Position einnehmen. Auch das sich Entschuldigen können muss gelernt werden. Nicht selten verletzen wir unser Gegenüber, ohne dass uns das bewusst ist. Kinder reagieren vielleicht noch spontaner auf solche Vorkommnisse.

Vergleiche ich die jetzigen Möglichkeiten, die ein Schüler zur Mitsprache im Unterrichtsgeschehen hat, mit den früheren, zeigt sich eine grosse Kluft. Ich kann mich nicht erinnern, je von einem Lehrer oder einer Lehrerin angeregt worden zu sein, ein Anliegen, dem dann gebührend Rechnung getragen wurde, niederzuschreiben. Daher gehört der Klassenrat als festes Gefäss nach wie vor zu meinem Unterricht.

Selbständigkeit gilt als wichtiges Lernziel für die Primarschule. Ein Mittel, dieses Ziel zu erreichen, ist die Selbsttätigkeit, die die Schülerinnen und Schüler in der Durchführung des Klassenrates einüben können. Mit der selbständigen Durchführung dieser Gesprächsrunde erleben sie sich nicht als fremd- sondern als selbstbestimmt, was sicherlich auch zum Faktum beiträgt, dass sie den Klassenrat durchführen wollen.

Das Vormachen-Nachmachen-Prinzip ist gemäss den *Zehn Grundformen des Lehrens* von Hans Aebli (1983) eine Grundform des Lehrens. Wenn die Sechstklässler moderieren, lernen die Viert- und Fünftklässlerinnen, wie das geht und was es dazu braucht.

Eine Schulklasse hat sich nicht selbst gebildet. Aber sie kann – in unserem Fall – eine «Oberklasse» bilden, die aus drei «Unterklassen» besteht. Jede Unterklasse versteht sich als Einheit, die in der grösseren Einheit eingebunden ist und in dieser interagiert. Dieser Zusammenhalt kann zu einer allgemeinen Zufriedenheit führen, die für eine hohe Schulleistungsmotivation relevant ist. Motivation, die Absicht zum Handeln, wird in intrinsische und extrinsische aufgeteilt. Die Kinder sind intrinsisch motiviert, wenn die Lösung eines Konfliktes ihnen Freude bereitet. Ihre Lösung trägt zu einem guten Klassenklima bei, was sie die Erfahrung einer extrinsischen Motivation erleben lässt.

Das Schulwissen sollte im Leben anwendbar sein. Es gilt, fürs Leben zu lernen. Meines Erachtens trägt die Durchführung des Klassenrates Wesentliches zu diesem Ziel bei. Was die Schülerinnen und Schüler dabei lernen, kann ins Leben ausserhalb des Schulzimmers transferiert werden. Die dadurch geförderte Sozialkompetenz, die Fähigkeit zur Anpassung an andere einerseits sowie die Fähigkeit zur Verständigung in Konfliktsituationen andererseits helfen den Kindern und Jugendlichen, das Leben – auch ausserhalb der Schule – bestmöglich zu leben.